U0140356

一生之敌

The
War of Art
—
Steven
Pressfield

［美］史蒂文·普莱斯菲尔德

赵硕硕———译

———著

上 海 文 化 出 版 社
SHANGHAI CULTURE PUBLISHING HOUSE

果麦文化　出品

致中国读者

首先，请允许我表达自己的兴奋与自豪。这本书在美国出版 22 年后终于来到了中国，得以与你们相见。我认同中国的伙伴们为它起的新名字——《一生之敌》。

内阻力将伴随你的一生。在将近 80 岁的年纪，我依然每天都在跟它作战。

它是普世的。没有人能幸免。它对一个北京人的打击和对一个布鲁克林人的打击一样大。

在这本书的开头有一段话，叫"没有活过的人生"："我们当中的大多数人都有两个人生。我们正在活的，和从来没有活过的。在两个人生之间的，就是内阻力。"

《一生之敌》不仅仅是为艺术家或创作者们而写的。它是写给每一个渴望找到并活出"没有活过的人生"的人的，那个人生才是我们真正的使命，也是我们被放在这个星球上的真正原因。

　　我对我在中国的新老朋友们的愿望就是，活出他们从未活过的人生。做该做的工作。赢得你的艺术的战争。

目录

序

史蒂文·普莱斯菲尔德为我写了《一生之敌》这本书。毫无疑问他也是为你写的，但我知道他是特意为我而写，因为我在拖延方面保持着奥运纪录。我可以拖延思考我的拖延问题。我可以用拖延思考我的拖延问题，来拖延解决我的拖延问题。所以普莱斯菲尔德，那个魔鬼，让我在截稿前写这篇序言。他知道无论我多么拖延，最终还是必须全力以赴。在剩下的最后一小时里，我终于照做了。当我翻看第一章时，"定义敌人"，在每一页我都看见了自己，正在用羞愧的眼神回盯着我自己。但是第二章给了我一个作战方案；第三章，胜利的愿景；当我把《一生之敌》这本书合上的时候，内心感到一阵积极的平静。现在我知道，我可以赢得这场战争。如果我可以，你也可以。

在第一章的开头，普莱斯菲尔德将创造力的敌人称为"内阻力"，这个词包含了弗洛伊德所说的一切"死亡本能"——那是暗藏在人性之中的破坏力，每当我们想做一点对自己或他人真正有益的事情，而这件事偏偏又需要艰难、长期的行动时，它就会冒出来。然后，他向我们展示了一份恶棍名单，展示内阻力的诸多表现形式。你将认出我们中的每一个人，因为这种力量存在于我们所有人的心里——自我破坏、自我欺骗和自我侵蚀。我们作家们都知道它是"阻塞"，一种瘫痪，其症状会导致骇人听闻的行为。

几年前，我就像加尔各答的下水道一样堵塞，怎么办呢？我决定试穿我所有的衣服。为显示自己究竟有多吹毛求疵，我穿上了每一件衬衫、裤子、毛衣、夹克和袜子，把它们分类成堆：春、夏、秋、冬，和要捐给救世军慈善组织的。然后我又把它们全都试了一遍，这次把它们分解为春季休闲、春季正式、夏季休闲……两天后我觉得自己快要疯了。想知道如何治疗作家的写作阻塞吗？不是去见你的心理医生。正如普莱斯菲尔德明智地指出的那样，寻求"支持"是内阻力最具诱惑力的表现。治疗方法在本书的第二章中可以找到："成为职业选手"。

史蒂文·普莱斯菲尔德就是职业选手的范本。我知道这一点，是因为我已经数不清有多少次打电话给《重返荣耀》[1]的作者，邀请他打一局高尔夫，可无论多有吸引力，他都拒绝了。为什么？因为他在工作。也因为，任何一个曾经向后高高挥起高尔夫球杆的写作者都知道，高尔夫是披着美丽外衣的"拖延"的毒药，换言之，就是"内阻力"。史蒂文拥有伯利恒钢铁锻造的自制力。

在欧洲旅行时，我一口气读完了史蒂文的《火之门》和《战争浪潮》[2]。现在我不是一个爱哭的人。从《小红马》[3]之后就没有因为一本书哭过，但是那些小说真正触动了我。我发现自己坐在咖啡馆里，为那些塑造和拯救了西方文明的希腊人的无私勇气而强忍着泪水。当我看着他流畅的行文，感知到他研究的深度，对人性和社会的了解，以及生动想象的细节时，我对这项工作感到敬

---

1 史蒂文·普莱斯菲尔德在1995年出版的第一本小说，2000年被改编为电影，由劳勃·瑞福执导，威尔·史密斯等出演。（本书注释均为译注）

2 史蒂文·普莱斯菲尔德创作的历史小说，其中《火之门》在全球卖出超过100万册。

3 约翰·斯坦贝克于1933年创作的青少年小说。

畏——这项工作，所有为他引人入胜的创作奠定基础的工作。我并不是唯一一个这样欣赏他的人。当我在伦敦买这些书时，他们告诉我，史蒂文的小说现在被牛津历史学老师们列为指定书目，并且告诉他们的学生们，如果想与古希腊人交往，读普莱斯菲尔德。

一个艺术家是如何获得那种力量的？在第二章中，普莱斯菲尔德讲述了专业的人日复一日、循序渐进的战役：准备、秩序、耐心、耐力，面对恐惧和失败采取行动——没有借口，没有废话。最棒的是，史蒂文一针见血地指出，职业选手首先、最后、并且永远专注于精通技艺。

第三章，"更高的领域"，着眼于灵感。灵感是非凡的成果，在那些职业选手的犁沟里绽放，他们系上挽具，在自己的艺术领域细细耕耘。用普莱斯菲尔德的话来说："当我们每天坐下来工作时，力量集聚在我们周围……我们变得像一块吸引铁屑的磁铁。想法来了。洞察涌现。"在这一点上，关于灵感的效应，史蒂文和我意见完全一致。确实，那些令人惊叹的图像和想法不知从何而来。事实上，这些看似自发的灵光一现是如此惊人，很难相信是我们那根本不配的自己创造了它们。所以，我们最好的东西到底是从哪里来的？

然而，正是在这一点上，我们对灵感的来源看法不同。在第一章中，史蒂文将内阻力的进化根源追溯到了基因。我同意。原因是遗传的。那种消极的力量，与创造力的黑暗对抗，深深地被嵌在我们的人性之中。但在第三章中，他调转了方向，寻找灵感的来源——不是人性，而是"更高的领域"。然后，他用诗意的火焰表达了他对缪斯和天使的相信。他认为，创造力的最终来源，是神圣的。许多人，也许是大多数读者，会发现第三章格外动人。

　　而我，在另一方面，相信创造力的来源与内阻力是在同一个实相层面找到的。它也与遗传基因有关。它被叫作天赋：一种与生俱来的能力，能够发现两件事之间隐藏的联系——其他人从未见过的图像、想法和文字，将它们联系起来，并为世界创造第三部全然独特的作品。和智商一样，天赋也是祖先赠予我们的礼物。如果幸运，我们就能继承它。而对极少数幸运的天才来说，人性中阴暗的一面会先跳出来，阻碍他们从事创造力所需要的劳动，然而一旦他们投入到命定的工作中，天赋的一面就会被激发起来，并以惊人的成果回馈他们。这些创造性天才的灵光一现似乎是突如其来的，原因很明显：它们来自潜意识的大脑。简言之，如果缪斯存在，她不会对没有天赋的人窃窃私语。因此，尽管史蒂文和我可能在原因上持不同意见，但在结果上是一致的：当灵感触碰才华，她会孕育出真理和美。当史蒂文·普莱斯菲尔德在写这本《一生之敌》时，她的手抓住了他。

罗伯特·麦基

前言

WHAT I DO
我的工作

　　我起床，洗澡，吃早饭。我读报纸，刷牙。如果有电话要打，就打电话。我已经拿到了我的咖啡。我穿上我的幸运工作靴，系上侄女梅雷迪斯给我的幸运鞋带，启动电脑。我的幸运连帽运动衫搭在椅背上，上面有我从滨海圣玛丽一个吉卜赛人那里得到的幸运符，只花了八法郎。那是我的好运名牌"拉戈"，出自我曾经做过的一个梦。我的分类词典上放着朋友鲍勃·范兰迪从古巴摩洛古堡带回来给我的幸运机关炮。我把它对准我的椅子，好对我发射灵感。我说出我的祷文，是《荷马史诗·奥德赛》里对缪斯的召唤，由 T. E. 劳伦斯翻译，他也被叫作阿拉伯的劳伦斯。这是来自我亲爱的朋友保罗·林克的礼物，它端坐在我的书架旁，和我父亲的手环，还有我从希腊塞莫皮莱战场带回来的幸运橡果在一起。现在大概十点半。我坐下来投入写作中。当我开始打错字的时候，我知道我已经累了。大概四个小时过去了。我已经开始进入递减的状态。我结束一天的工作。不管写了什么，都备份到磁盘上，然后把磁盘塞进我的卡车内置的手套箱里，以免办公室着火，而我需要冲进火里把它救出来。我关掉电源。此刻三点三十分。办公室关闭。我写了多少页？我不在乎。写得好吗？我连想都不去想。唯一重要的是，我已经投入了我的时间，用尽了我有的一切。唯一重要的是，在这一天，这一段时间里，我克服了内阻力。

我所知道的

有一个秘密，真正的作家知道，想成为作家的人不知道。这个秘密就是：难的并不是写作。而是坐下来开始写。阻止我们坐下来的，是内阻力。

没有活过的人生

我们中的大多数人都有两个人生。我们正在活的，和从来没活过的。在两个人生之间的，就是内阻力。

你是否买过跑步机却把它丢在阁楼上落灰？尝试过节食、瑜伽课程、冥想练习？曾经受到修炼性灵、献身人道主义使命、以毕生精力奉献他人之类的感召却怠惰不曾行动？想过要当一个母亲、一名医生、一个为弱小无助者发声的人；想要竞选公职，为这颗星球而不懈奋斗，为世界和平或保护环境而战？夜深的时候你有没有试着去想过那个你可能成为的人，可以完成的工作，本来应该成为的人。你是不是那个不写作的作家，不画画的画家，从来没有办过一家企业的企业家？现在，你知道什么是内阻力了吧。

> 一天晚上，我躺在床上，
>
> 听到爸爸和妈妈说话。
>
> 我听到爸爸说，让那孩子去玩他的布吉－伍吉去吧。
>
> 那东西在他身体里，总得释放出来的。
>
> ——约翰·李·胡克[1]

内阻力是这个星球上最有毒的一股力量。比起贫穷、疾病和勃起功能障碍，它才是我们不幸福的根源。

屈服于内阻力会使我们的心灵变形。它阻碍我们的成长，使我们无法成为我们本来就是或生来应该是的那个人。如果你相信上天（我相信），你就必须大声宣告，内阻力是邪恶的。因为它阻止我们活出上天原本安排我们活出的人生——用我们每个人被赋予的独一无二的天赋。"天赋"是个拉丁词，罗马人用它来表示一种内在的精神，神圣，不可侵犯。它守护着我们，引导我们接收

1　约翰·李·胡克（1917.8.22—2001.6.21），美国布鲁斯音乐大师。布吉－伍吉（boogie-woogie），节奏布鲁斯的分支流派。

各自使命的召唤。作家用他的天赋写作，画家用他的天赋画画，每个创作者都跟从这个神圣的核心而行动。它是我们灵魂的位座。承载我们生命潜能的容器，我们的星之灯塔和北极星。

每个太阳都投下阴影，天才的阴影就是内阻力。与我们的灵魂对自我实现的感召一样强大，阻碍自我实现的内阻力也如此强大。内阻力比高速子弹更快，比火车头更强大，比可卡因更难戒除。如果你被内阻力击倒，你并不孤单。成千上万的男人、女人曾在我们之前倒下死去。而最让人崩溃的是：我们甚至不知道是什么打倒了我们。我一直都不知道。从二十四岁到三十二岁，内阻力把我从东海岸到西海岸来回踢了十三次，而我从来不知道它的存在。我四处寻找敌人，却看不到就在我眼前的它。

你听说过这个故事吗：女人得知自己得了癌症，还有六个月的生命。几天之内，她辞掉了工作，重新开始创作得州－墨西哥风格的歌曲，那是她为了养家糊口而放弃的梦想（或是开始学习古希腊语，或是搬到旧城区并把自己奉献给照顾艾滋病婴儿的工作）。女人的朋友们认为她疯了；她自己却从未如此快乐过。附言就是，女人的癌症缓和了。

一定要付出这样的代价吗？我们一定要等到死亡迫近眼前才能站起来对抗内阻力吗？一定要等到生命残缺不全、面目全非，我们才能惊醒，意识到它的存在吗？有多少人变成了酒鬼和瘾君子，患上了肿瘤和神经衰弱，屈服于止痛药、流言蜚语和手机成瘾，仅仅是因为我们没有做那件我们的心和我们的内在天赋召唤我们去做的事情？内阻力打败了我们。如果明天早上醒来，有什么魔法可以击中这些陷入迷茫和黑夜的灵魂，让他们醒过来，拥有力量迈出追求梦想的第一步，那么所有在册心理医生都会失业。监狱将空无一人。烟酒行业、垃圾食品业、整容机构、信息娱乐行业，更别提制药公司、医院和整个医疗行业了。家庭暴力将消失，成瘾症、肥胖、偏头痛、路怒症和头皮屑也会消失。

看看你自己的内心。除非我疯了，就在此刻，一个静止、微弱的声音正在传来，像以前一万次告诉过你的一样，这个召唤是你的，并且是你要独自完成的。你知道。没有人需要告诉你。除非我疯了，否则你不会比昨天或者明天更有可能采取行动。你认为内阻力是逗你玩的吗？内阻力会埋葬你。

要知道，希特勒也曾梦想成为一名艺术家。十八岁时，他带着继承的七百克朗遗产搬到维也纳生活、学习。

他报考美术学院，后来又报考了建筑学院。可你见过他的哪怕一幅画吗？我也没有。内阻力击败了他。你可以说这是夸大其词，但我还是要说：对于希特勒来说，面对一块空白画布，比发动第二次世界大战还要难。

第一章

RESISTANCE

Defining the Enemy

内阻力　定义敌人

你最大的敌人也是你最好的老师。

——释迦牟尼

内阻力的最强一击

下面是一张列表，是那些最常引发内阻力的行为，排名不分先后：

① 响应任何有关写作、绘画、音乐、电影、舞蹈或任何创造性艺术方面的召唤，无论多么边缘或多么传统。

② 创业，无论企业还是事业，无论是为了盈利还是其他。

③ 任何节食或健康饮食方案。

④ 任何有关灵性成长的计划。

⑤ 任何以收紧腹部为目标的活动。

⑥ 任何旨在改变痼习和痼癖的课程或计划。

⑦ 每一种教育。

⑧ 任何政治、道德或伦理勇气的行为，包括决心改善我们自身某些不足取的思维或行为模式。

⑨ 任何以帮助他人为目标的事业或努力。

⑩ 任何需要用心承诺的行为。决定结婚，决定生孩

子，决定经营一段可能历经坎坷的感情。

⑪ 身处逆境却依然坚守原则与立场。

换句话说，任何为了长远发展、健康或坚持正直而拒绝即时满足的行为。或者换一种说法，任何源于我们的更高本性而不是低级本性的行为。其中的任何一个都会引发内阻力。

那么，内阻力的特点是什么？

内阻力是看不见的

内阻力看不见、摸不着、听不见、闻不到。但它可以被感觉到。每当我们准备开始工作，这项工作便会辐射出一个能量场，让我们感受到它的存在。它是一种排斥力，是负面的。它的目的是把我们推开，分散我们的注意力，阻止我们投入工作。

内阻力是内在的

内阻力看似来自我们自身之外。我们常常将它归咎于配偶、工作、老板、孩子。正如帕特·莱利执教洛杉矶湖人队时常说的，"外围对手"。

内阻力不是外围对手。内阻力来自内部，它是自我生发和自我延续的。内阻力是内在的敌人。

内阻力是阴险的

只要能阻止你工作，内阻力什么话都会说。它会作伪证、捏造、篡改；勾引、恐吓、哄骗。内阻力千变万化。只要能骗到你，它可以幻化成任何面貌出现。像律师一样说服你，或是像劫匪一样，举起九毫米口径的手枪对准你的脸。内阻力没有良知。它会不惜一切来达成交易，可只要一转身，它就立刻出卖你。如果相信了内阻力，那就活该变成你现在的样子。内阻力总是在撒谎，总是在胡说八道。

内阻力不依不饶

内阻力就像是"异形""终结者",或是《大白鲨》[1]里的那条鲨鱼。它不讲道理。除了力量,它一无所知。它是一个破坏引擎,从出厂起就被设定了唯一的目标:阻止我们工作。内阻力是不依不饶的,它顽固、不知疲倦。哪怕把它简化成一个单细胞,这个单细胞依然会继续攻击。

这是内阻力的天性。它只懂得这一件事。

---

1 史蒂文·斯皮尔伯格于1975年执导的一部美国惊悚电影,根据彼得·本奇利的同名小说改编。

内阻力冷漠无情

内阻力并不只针对你一个人。它不知道你是谁，也不在乎。内阻力是一种自然的力量。它客观地行事。

虽然让人感觉满怀恶意，但实际上，内阻力的运作就像雨一样冷漠，遵循着与星星一样的规则，穿过天空。在集结力量抗击内阻力时，我们必须牢记这一点。

内阻力无懈可击

就像漂浮在油面上的磁针，内阻力总会不偏不倚地指向正北方——那里有它最想阻止我们回应的召唤或采取的行动。

我们可以利用这一点，把它当作指南针。我们可以用内阻力来导航，借助它来分辨我们必须首先响应的召唤、采取的行动。

经验法则：对于我们灵魂进化，越是重要的召唤或行动，追求它时遭遇的内阻力就越大。

内阻力是普世存在的

如果认为我们是唯一与内阻力抗争的人，那就错了。每个有身体的人都在体验着内阻力。

内阻力永不眠

即便到了七十五岁，亨利·方达每次登台演出前依然会紧张到呕吐。换言之，恐惧不会消失。战士和艺术家们生活在相同的必然法则中，那就是，这场战争必定每天重来一次。

内阻力是动真格的

内阻力的目标不是伤害或致残。它瞄准的是杀戮。它的目标是我们存在的核心：我们的天才，我们的灵魂，我们被投放在这地球上时被赋予的独特而无价的天赋——除了我们之外，没有其他人拥有。内阻力不会开玩笑。一旦开始与之抗争，我们就陷身于一场至死方休的战争里了。

恐惧是内阻力的食粮

内阻力本身并没有力量。它拥有的每一盎司营养都来自我们自身。我们用对它的恐惧来喂养它，让它获得力量。控制恐惧，我们就能战胜内阻力。

内阻力只单向设障

内阻力只阻碍我们从低领域向高领域的运动。当我们在艺术领域追求某种使命时，或是推出一家创新型企业，或是试图在道德、伦理或灵魂方面向更高的层面提升时，它会开始起作用。

因此，如果你本来在加尔各答与特蕾莎修女基金会合作，现在正考虑转行加入电话营销行业。尽管放心。内阻力会给你一个畅通无阻的通行证。

内阻力在终点线前最强大

奥德赛原本早几年就可以回家了的，就差那么一点儿。伊萨卡已近在眼前，近到水手们都可以看到岸上家里的炊烟。奥德赛太笃定，他确信一切都安全了，于是躺下来打了个盹。可就一瞬的松懈，让手下偷走了这份来自风神王的礼物。手下一直认为船长的这个牛皮口袋里藏着金子。可袋子里装的是逆风。是奥德赛早些时候到达那座神圣的小岛时，风神王为这位流浪者封装进去的。袋子被割开，狂风呼啸，吹得奥德赛的船倒退着重新穿过了他们艰难穿越的每一海里的洋面，让他不得不经受更多的考验和痛苦，直到最后，才孤身一人回到家中。

当终点线在望时危险最大。到了那一刻，内阻力知道我们即将击败它。它按下了紧急按钮。组织了最后一次攻击，用它所拥有的一切猛击我们。

职业选手必须警惕这次反击。在最后一刻要小心，别打开那袋风。

内阻力会招募盟友

内阻力的定义就是自我破坏。但是，还有一个平行的危险也必须加以防范：来自他人的破坏。

当一名作家开始克服她的内阻力时，换句话说，当她真正开始写作时，她可能会发现那些周围亲近的人开始表现得奇怪。他们可能会变得喜怒无常、闷闷不乐，也可能会生病；他们可能会指责觉醒的作家"变了""不是她原来的样子了"。这些人离觉醒的作家越近，他们的行为就越奇怪，他们在行为背后隐藏的情绪也就越多。

他们试图阻碍她。

原因是他们正在有意识或无意识地对抗自己的内阻力。觉醒作家的成功会成为对他们的一种责备。如果她能打败这些恶魔，为什么他们不能？

通常，夫妻或亲密的朋友，甚至整个家庭，都会进入一种心照不宣的协议模式，每个人都会（不知不觉地）尽力确保自己和所有亲朋好友困在同一个坑里，他和他所有的亲友就那样躺在坑里，无比舒适。一只螃蟹所能犯下的最严重的叛国罪，就是跳上桶口的边缘。

觉醒的艺术家必须是无情的，不仅是对自己，也对其他人。一旦成功突围，你就不能再回头去找你的朋友，哪怕带刺的铁丝网挂住了他的裤腿。你能为那个朋友做的最好的事（如果他是个真正的朋友，也会这么对你说），就是翻过墙去，继续朝前走。

一位艺术家能够为其他艺术家做的最好的，也是唯一的事情，就是成为榜样和灵感。

现在，让我们来看看内阻力的下一个侧面：症状。

内阻力与拖延

拖延是内阻力最常见的表现，因为它最容易被合理化。我们不会坦然承认，"我永远不会动笔去写我的交响乐。"相反，我们会说："我会写的——只是明天再开始。"

内阻力与拖延 II

拖延最大的害处是，它可能成为一种习惯。我们不只是今天拖延生命——我们可以一直拖延到死。

永远不要忘记：就在这一刻，我们可以改变我们的生活。从来没有哪个时刻，也永远不会有那么一刻，让我们不具备改写命运的力量。这一秒，我们可以在内阻力面前反败为胜。

这一秒，我们可以坐下来，开始我们的工作。

内阻力与性

有时，内阻力会以性或沉迷于性的形式出现。为什么是性？因为性能提供即时而有力的满足。当有人和我们一起睡觉时，我们感到被认可，被确认，甚至被爱。内阻力从中得到很大的乐趣。它知道，它成功地用一种简单廉价的方法分散了我们的注意力，让我们无法完成工作。

当然，并非所有的性都是内阻力的表现。根据我的经验，可以通过事后空虚的程度来判断。你越感到空虚，就越能确定你真正的动机不是爱，甚至不是欲望，而是内阻力。

毫无疑问，这一原则也适用于判断嗜药、购物、自慰、电视、八卦、酒精，以及所有含有脂肪、糖、盐或巧克力的食品的消耗。

内阻力与故障

我们让自己陷入麻烦，因为它是一种能够吸引注意力的廉价方式。麻烦是一种虚假的名声。相较于完成一篇探讨约瑟夫·康拉德中篇小说中"杂色的形而上学"的论文，跟系主席的妻子开房显然更容易吸引关注。

生病是制造麻烦的一种形式，酒瘾和药瘾也是，发生事故的倾向，包括强迫性搞砸一切在内的所有神经病症，乃至一些看似无害的小缺点，比如嫉妒、习惯性迟到，在烟雾缭绕的九五年版丰田萨普拉跑车里以110分贝的音量播放说唱音乐……统统都是。任何通过无痛苦或人为手段吸引注意力的行为都是内阻力的表现。

对他人残忍也是内阻力的一种表现形式，同样，甘愿忍受他人的残忍也是。职业艺术家不会容忍生活中的麻烦，因为她知道，麻烦会阻碍她的工作。职业艺术家把所有麻烦的源头都从她的世界中驱逐出去。她控制自己对麻烦的渴望，并将它们转化为作品。

内阻力与戏剧化人格

在生活中演绎肥皂剧是内阻力的症状。既然只要带一个有入狱记录的男朋友回家就能获得同样的关注，为什么还要花上几年时间设计一个新的软件界面呢？

有时，整个家庭都不自觉地参与到自我戏剧化的氛围培养中。孩子们给坦克加满油，大人们武装上光炮，整艘星际飞船跌跌撞撞，从一个让人毛骨悚然的情节跳到另一个。全体船员都知道如何才能让这一切继续。如果戏剧化水平下降到某个阈值以下，就会有人跳进去，放大它。爸爸喝醉了，妈妈生病了，珍妮带着奥克兰突袭者的文身出现在教堂。这比电影还有趣。而且很有效——谁都别想完成哪怕一件事。

有时我会把内阻力看作是圣诞老人的邪恶双胞胎。他挨家挨户巡视，确保一切尽在掌握。当来到一户沉迷于自我戏剧化的人家门外，他红润的脸颊容光焕发，放心地驾着八只小驯鹿拉的雪橇车转身离开。他知道，在这座房子里，不会有任何工作能完成。

内阻力与自我治疗

你是否经常服用任一缓解抑郁、焦虑之类症状的药物，无论是管制药物还是其他？我想提供以下经验：

我曾在纽约一家大型广告公司担任文案。那时，老板常常对我们说：去发明一种疾病。他说，只要造出个病来，我们就可以卖药了。

注意力缺陷障碍，季节性情感障碍，社交焦虑障碍。这些不是疾病，而是营销策略。医生没有发现它们，文案却发现了。营销部门发现了。制药公司也发现了。

抑郁和焦虑可能是真的。但也可能只是内阻力作祟。

当我们用药物来掩盖我们灵魂的呼唤时，我们就是优良的美国人，模范的消费者。我们所做的，正是电视广告和物质主义流行文化从我们出生起就不断给我们洗脑并灌输的事情。不是运用自知、自律、延迟满足和努力工作来治愈自己，而是简单地买样东西就好。

在内阻力与商业交会的十字路口，已经有许多行路人受伤致残，甚至死去。

内阻力与受害者情节

医生们估计，他们的业务中有百分之七十到八十与健康无关。人们没有生病，只是在自己加戏。有时，治疗工作中最困难的部分是忍住不笑。正如杰瑞·宋飞在他20年的约会生涯中观察到的："太多人演戏入了迷。"

生病，对一个人的存在而言具有重要意义。一种疾病，一个需要背负的十字架。有人不断生病，一种病好了，另一种又来了。这种疾病本身就成了一件艺术品，一个创造性行为的影子版本，受害者花费大量心血培育他的病症，从而规避从事真正有创造性的工作。

受害者行为则是被动进攻的一种形式。它不是通过诚实的工作或凭借个人经验、洞察力与爱而做出的贡献来获得满足，它所追求的，是用无声（或者不那么"无声"）的威胁来操纵他人。受害者迫使他人来拯救他；以避免病情恶化／崩溃／精神分裂为理由，挟持他人按照自己的意愿行事；又或者，只是简单地以会让他人生活陷入悲惨境地为威胁，逼迫他人去做他想要做的事。

将自己塑造成受害者跟投入工作是对立的。不要这样做。如果你正在这样做，停下来。

内阻力与配偶的选择

有时，当意识不到自己的内阻力时，我们会选择一个已经或正在成功克服内阻力的人作为伴侣。我不知道为什么。也许赋予伴侣我们事实上拥有但又不敢采取行动的力量更容易。也许相信我们深爱的配偶值得过他或她未活过的生活，而我们却不值得，这样比较没有那么恐怖。或者我们希望用我们的伴侣做模特。也许我们相信（或者希望我们能相信），如果我们能在周围徘徊足够长的时间，我们配偶的力量就会对我们产生影响。

内阻力就是这样摧毁爱情的。它造出无数烦恼，五花八门——足够田纳西·威廉姆斯写出一套三部曲。但这是爱吗？如果我们是提供支持的伴侣，难道不应该面对自己的失败，去追求自己未曾活过的人生，而不是指望搭配偶的顺风车吗？如果我们是被支持的伴侣，难道不应该走出爱人崇拜的光环，鼓励他/她自己发光发亮吗？

内阻力与这本书

在我开始创作这本书时，也差一点就被内阻力打败了。它是这么做的。它（我脑海中的声音）告诉我，我是一个小说作者，而不是非虚构作家，我不应该这样直白地公然揭示这些有关内阻力的概念；相反，我应该利用隐喻，把它们植入某部小说中。这个论点相当精妙，很有说服力。紧接着，内阻力就给出它的合理化建议：我应该写一部战争小说，通过一名战士所感受到的恐惧来阐释内阻力的原则。

内阻力还告诉我，我不应该试图去指导别人，也不应该自视为智慧的提供者——这是虚荣的，利己主义的，甚至可能是腐败堕落的，到头来终究会对我自己造成伤害。我被吓到了。这话说得很有道理。

最终说服我继续前进的理由很简单，不继续前进会让我不快乐。我已经开始出现一些症状。可一旦坐下来开始工作，我就好了。

内阻力与不快乐

内阻力带给人的感觉是什么?

首先,不快乐。我们感觉像在地狱里一样。低级的痛苦充斥着一切。我们无聊,我们不安。我们不能得到任何满足。我们心有负疚,却找不到原因。我们想回到床上,我们想起床玩乐。我们觉得不被爱也不值得被爱。我们满心憎恶。我们讨厌我们的生活。我们恨我们自己。

如果纾解不了,内阻力就会上升到让人难以忍受的地步。在那一刻,恶习开始滋生。嗑药、通奸、沉溺网络。

除此之外,内阻力还会转变成临床疾病。抑郁、攻击性、功能障碍。然后是实实在在的犯罪和肉体上的自我毁灭。

我知道,这听上去就像是人生。其实不是。这是内阻力。

棘手的是,我们生活在一种消费主义文化中。消费主义文化能够敏锐地察觉到这种不快乐,并且迅速聚集起它所有逐利的炮火来利用这种不快乐。它售卖产品,售卖药物，售卖消遣。就像约翰·列侬写下的：

> 你觉得你如此聪明
>
> 没有阶级，自由自在
>
> 可在我看来
>
> 你们都是该死的农民

作为艺术家和专业人士，我们有义务发动我们自己内在的革命，在我们自己的头颅里掀起一场属于个人的起义。在这次起义中，我们要摆脱消费主义文化的暴政。我们要推翻广告、电影、游戏、杂志、电视和MTV编定的程序，这些东西从摇篮时期就开始催眠我们。我们拔掉电网插头，因为我们已经认识到，把可支配收入贡献给"狗屎股份有限公司"来完成它的底线目标，这永远无法疗愈我们的不安，唯一的办法，只有工作。

内阻力与原教旨主义

艺术家和原教旨主义者都面临着同样的问题，即他们作为个体的存在之谜。每个人都会问同样的问题：我是谁？我为什么在这里？我的生命的意义是什么？

在更早期的原始进化阶段，人类不必面对这样的问题。在原始状态、野蛮状态、游牧文明、中世纪社会、部落和氏族中，一个人的位置是由所在群体的诚命决定的。随着现代性的出现（从古希腊人开始），随着自由和个人概念的诞生，这类问题才日益凸显。

这些并不是简单的问题。我是谁？我为什么在这里？它们不容易回答，因为人类并非天生独立运行的个体。我们是部落成员，作为团体的一部分行动。我们的心理由数百万年的"狩猎－采集"模式进化而来。我们知道宗族是什么，也知道如何融入人群和部落。我们所不知道的，是如何独处。我们不知道如何成为自由的个体。

艺术家和原教旨主义者出现在社会的不同发展阶段。艺术家是高级模式。他们的文化丰裕而稳定，拥有充足的富余资源，让他们能够奢侈地进行自我审视。艺术家立足于自由，他不害怕自由。他是幸运的，出生在正确的地方。有自信的内核，对未来充满希望。他相信进步和进化。他的信念是：无论经历多少波折，有过多少不完美，人类始终在向着一个更美好的世界前进。

原教旨主义者不接受这样的观点。在他看来，人类已经从一个更高的状态跌落，并没有什么真实等待发觉——它早已亮相。无论耶稣、穆罕默德，还是卡尔·马克思，神谕都已经由他的先知说出并记录在案了。

原教旨主义是无力者、被征服者、流离失所者和被剥夺者的哲学。它的发源地是政治和军事失败的残骸——古巴比伦人被囚禁期间，希伯来原教旨主义兴起；美国重建期间，白人基督教原教旨主义出现在美国南部；第一次世界大战后，优等种族的概念在德国衍生发展。在那样绝望的时代，如果没有恢复希望和自豪感的学说，被征服的民族就会灭亡。

这是现代生活的状态。

原教旨主义者（更准确地说，是那些身处困境因而拥护原教旨主义的人）无法忍受自由。他找不到通向未来的路，于是退回到过去。他在想象中回到了自己种族的辉煌时期，并试图在更纯净、更高尚的光晕之下重建种族和他自身。他回归基础。回归了最初的教义。

原教旨主义和艺术是相互排斥的。根本就不存在原教旨主义艺术这种东西。但这并不意味着原教旨主义者没有创造力。就某种层面而言，他的创造力颠倒了。他制造毁灭。即使是他所建立的——他的学校，他们的组织网络——也一视同仁地致力于将他的敌人和他自己一起消灭。

但原教旨主义者将他最大的创造力都用在了塑造撒旦的形象上，那是他的敌人，而不是定义自己的生命并赋予其意义。和艺术家一样，原教旨主义者也会面对内阻力。他体验到的是犯罪的诱惑。原教旨主义者的内阻力是邪恶的召唤，试图引诱他放弃他坚守的美德。原教旨主义者被撒旦吞噬，他爱撒旦，就像爱死亡一样。世界贸易中心的自杀式炸弹袭击者在训练期间经常光顾脱衣舞俱乐部，他们想象自己的奖励是一队处女新娘，以及在天堂的酒池肉林中蹂躏她们的许可。这些都是巧合吗？原教旨主义者憎恨女性，也害怕女性，他们将女性视为撒旦的容器，认为她们是诱惑者，就像《旧约》里诱惑参孙丢失神力的黛利拉。

为了对抗罪恶的召唤，也就是内阻力，原教旨主义者要么投入行动，要么投入对神圣文本的研究。他迷失在这些之中，就像艺术家在创作过程中所做的那样。不同的是，一个向前看，希望创造一个更好的世界，另一个向后看，寻求回到一个更纯净的世界，一个他和所有人都从中跌落的世界。

人道主义者认为，每一个人类个体都应当与神共同创造世界。这就是他们如此珍视人类生命的原因。在他们看来，事情在进步，生活在进化；每一个个体在推动这一进程上都有价值，至少是蕴含着价值。原教旨主义者无法想象这一点。在他的社会里，异议不仅是犯罪，更是叛教——那是异端邪说，是对最高神明本身的亵渎。

如果原教旨主义获胜，世界将会进入黑暗时代。尽管如此，我仍然不能谴责任何一个被这种哲学所吸引的人。我思考了一下自己的内心旅程，我拥有教育经历、物质财富、家庭支持、健康等各方面的优势，还占了投生在这个国家的盲盒好运，却依然需要学习如何作为一个自主的个体而存在，如果说我是真的学会了，哪怕只是一点皮毛，那也是付出了我不愿去计算的代价。

或许是人类还没有准备好面对自由。或许是自由的空气太稀薄，让我们难以呼吸。的确，如果自由的生活很容易，我也就不用写这本书了。正如苏格拉底在很久以前已经证明了的，这其中似乎存在一个悖论：真正自由的个体，只有在他能够自我约束的范围内才是自由的。而不愿自我管理的人，则注定要找到主人来管理自己。

内阻力与批评

当你发现自己在批评别人，那很可能就是内阻力作祟。当我们看到别人开始活出真实的自我，而自己却做不到时，那是足以让我们发疯的。

活出了自我的个体几乎从不批评他人。如果他们开口说话，一定是为了鼓励。小心。在内阻力的诸多表现中，大多数只会伤害我们自己，但批评和冷酷却会伤害他人。

内阻力与自我怀疑

自我怀疑可以成为我们的盟友。因为它是抱负的指标。它反映了爱与渴望，对我们梦想的事情的爱，对实践这件事的渴望。如果你突然发现自己开始自省（或询问你的朋友）："我真的算是一个作家吗？我真的是一个艺术家吗？"很大概率上，你就是。冒牌的创新者总是极度自信，而真正的那位却心虚得要命。

内阻力与恐惧

你被吓瘫了吗？这是个好兆头。

恐惧是好事。跟自我怀疑一样，恐惧也是一个指标。恐惧告诉我们，什么是必须做的。

记住我们的经验法则：越是害怕一份工作或召唤，我们就越能确定，它是我们必须做的。

内阻力被体验为恐惧；恐惧的程度相当于内阻力的强度。因此，我们对某一特定事业的恐惧越大，就越能确信该事业对我们和我们的灵魂成长很重要。这就是为什么我们会感到如此强烈的内阻力。如果它对我们毫无意义，就不会有内阻力出现。

你看过《演员工作室》这档节目吗？主持人詹姆斯·利普顿总是问他的客人们："是什么原因让你决定扮演这个角色？"演员总是回答："因为它让我害怕。"

专业的人倾向于处理能够拓展他极限的项目。他接受的任务会带他进入未知水域，迫使他探索自己的无意识部分。

他害怕吗？当然。他怕死了。

（相反，专业的人拒绝扮演曾经扮演过的角色。他不再害怕它们了。为什么还要在上面浪费时间？）

所以，如果你因恐惧而感到手脚麻痹，这是个好兆头。它在告诉你，你应该做什么。

内阻力与爱

内阻力与爱成正比。如果你感到巨大的内阻力，恭喜你，这意味着那里也有巨大的爱。如果不喜欢这个让你害怕的项目，你不会有任何感觉。爱的反面不是恨，是冷漠。你经受的内阻力越大，那尚未呈现的艺术 / 项目 / 事业对你来说就越重要，当你最终做到时，就越能感到满足。

内阻力与成为明星

夸张的幻想是内阻力的表现之一。他们是业余爱好者的标志。职业选手早已懂得，成功和幸福一样，都是工作的副产品。职业选手专注于工作本身，至于奖励来还是不来，听其自然就好。

内阻力与孤立

有时我们因为害怕孤单而不敢着手于某项事业。身在部落之中时，我们感觉很安心。而孤身一人走进森林，则会让我们紧张。

然而，问题在于：我们从不孤单。一旦走出营地篝火笼罩的范围，缪斯女神就会像蝴蝶一样停在我们的肩头发光。充满勇气的行为必将唤起我们内心深处的那个部分，它会支持我们，支撑我们。

你看过约翰·列侬或鲍勃·迪伦年轻时的访谈吗？当记者问到有关他们自身的问题时，男孩们用尖刻的讽刺来转移这些疑问。为什么？因为列侬和迪伦知道，创作出那些歌曲并不是"他们自己"，并不是那个对没有脑筋的访问者来说极具魅力的"人"本身。列侬和迪伦还知道，自己身上从事写作的那部分太神圣、太珍贵、太脆弱，无法拿出来剪辑成声音片段，用来愉悦那些可能的偶像崇拜者（这些崇拜者本身也深陷在他们自己的内阻力困扰之中）。所以他们就随便回答一下，搪塞了事。

这是艺术家和儿童玩耍时的共性，他们一心追逐自己的愿景，没有时间概念，不会觉得孤独。一晃就是几个小时。直到妈妈喊："吃晚饭了！"雕塑家和爬树的孩子这才抬起头，眨眨眼睛。

内阻力与孤独

朋友们有时会问："你一整天自己坐着不觉得孤独吗？"起初，听到自己回答"不"似乎很奇怪。但很快我就意识到，我并不孤独。我在书中，和角色们在一起。我在与我自己共处。

跟我的角色们在一起时，我不但不觉得孤单，事实上，在我看来，他们比现实生活中的人更加生动有趣。想想看吧，事情其实就是这样。要让一本书（或任何项目、事业）在整个开展的过程中始终牢牢抓住我们的注意力，就必然需要插入一些触及我们内心的内在困惑或激情，这些东西对我们来说至关重要。这个问题成为我们工作的主题，即使我们一开始也无法理解或表达它。然而，一个又一个角色登场，每一个都不可避免地展现出这种困境和困惑的某个侧面。这些角色在其他人眼里可能并不多么有趣，但对我们来说，绝对是迷人的。他们就是我们。更刻薄、更聪明、更性感的我们。和他们相处很有趣，因为他们在与同样的问题作斗争，这些问题本就深深困扰着我们。他们是我们的灵魂伴侣，我们的爱人，我们最好的朋友。就算反派也不例外。或者说，反派尤其如此。

　　即使是在这样一本没有人物的书中，我也不会感到孤独，因为我在想象读者。我把他想象成一个有抱负的艺术家，就像头发还没有这么灰白的年轻时候的自己一样。我希望能为他输送一点营养，一点灵感，一点青春，一些由苦难挫折中得来的智慧和技巧。

内阻力与治愈

你在圣达菲待过吗？那里有一种"治愈"的亚文化。这种文化认为，圣达菲的氛围有某种疗愈的功效。这是一个安全的地方，能让人振作起来。还有一些地方（比如说，加利福尼亚州的圣巴巴拉和奥贾伊），居民通常都是中上阶层人士，有的是时间和金钱不知道该如何打发，那些地方也有疗愈的文化。在这类环境中，人们的概念似乎都是，在开始工作以前，人需要先完成他的治疗。

这种思考的方式（你是不是已经比我先想到了？），是内阻力的一种表现形式。

我们到底在试图治愈什么？运动员知道，永远不会有那么一天，他醒来时没有疼痛。他必须一直带着伤病比赛。

记住，我们以为需要治愈的那部分，并不是我们创造力的来源，后者要深刻、强大得多。我们的创造力来源是父母或社会所做的任何事情都触碰不到的。那个部分是纯洁无瑕、不被侵蚀的。隔音，防水，防弹。事实上，我们遇到的困难越多，那个部分就越美好、越丰盈。

需要治愈的只是我们的个人生活。个人生活与工作无关。再说了，还有什么是比找到自我主权的中心更好的治愈呢？这难道不是治愈的全部意义吗？

　　几十年前，我在纽约漂泊，开出租车，一晚上挣20美金，全力逃避我本该做的工作。直到一天晚上，我独自待在每月花上110美元转租来的小屋里，心情跌到了谷底，我无数次把自己引上无数条自欺欺人的道路，可现在，我再也无法心安理得地度过又一个这样的夜晚了。我拖出我古老的史密斯·科罗纳打字机，一边担心着这样的尝试是毫无意义的，没有结果，没有价值，更不用说，这是我能想到的最痛苦的练习了。我强迫自己坐了两个小时，满心痛苦地折腾出一些垃圾，转头就扔进垃圾桶里。够了。我把这机器收起来。回到厨房。水槽里堆着十天没洗的盘子。出于某种原因，我有足够的多余精力，我决定洗掉它们。温水感觉真好。洗洁精和海绵各司其职。沥水架上升起了一堆干净的盘子。我惊讶地发现自己还吹起了口哨。

　　这让我突然意识到，我刚刚走出了一个死角。

　　我好了。

　　从这一刻开始，我就好了。

　　你能明白吗？我并没有写出任何像样的东西。那可能还要等上好几年——如果我真的能写出什么像样的东西的话。但那不重要。重要的是，在多年的逃避之后，我终于坐下来，做了我该做的工作。

别误会。我对真正的治疗毫无异议。我们都需要它。但是它与做我们的工作毫不相关，它可能是内阻力的一次大规模演习。内阻力热爱"治愈"。它知道，我们越是耗费精神能量来一而再、再而三地试图疏导个人生活中遭遇的那些烦人又乏味的不公，就越是没法积攒起足够的能量去做我们本该做的工作。

内阻力与支持

你去过工作坊吗？这些不知所谓的东西简直就是内阻力学院。这些人应该被颁发内阻力学博士学位。还有什么是比"去工作坊"更方便用来逃避工作的吗？但我更讨厌的，是"支持"这个词。

寻求朋友和家人的支持就像让那些人聚集在你临终的床边。这很好。但是当船启航的时候，他们能做的也只是站在码头上挥挥手而已。

我们从有血有肉的人那里得到的一切支持，都不过是大富翁游戏里的钱——在我们必须工作的那个领域里，它并非法定货币。事实上，越是花费精力汲取同事和爱人的支持，我们就会变得越虚弱，越没有能力处理我们自己的事情。

我的朋友卡罗尔做过这样一个梦，那时候，她正觉得自己的生活开始倾斜失控。她是公交车上的一名乘客。布鲁斯·斯普林斯汀在开车。突然，斯普林斯汀停下车，把钥匙递给她，便离开了。梦中的卡罗尔惊慌失措。她怎么可能开得了这样一辆巨大的灰狗长途大巴呢？其他乘客全都盯着她看。显然，没有人会挺身而出。卡罗尔只能接过方向盘。可让她吃惊的是，她发现自己完全应付得了。

卡罗尔后来自己分析过这个梦，认为布鲁斯·斯普林斯汀是"老板"。她精神上的老板。长途大巴是载着她生活前行的工具。老板告诉卡罗尔，是时候自己接过方向盘了。不仅如此，还安排她坐上驾驶座，通过这种方式让她体会到，她是有能力驾驶着这辆车上路的。这个梦为她提供了一次模拟演习，让她充满信心，相信自己完全可以掌控自己的人生。

这样的梦才是真正的支持。它是一张现金支票，当你独自坐下来工作时，就可以兑现。

附：当你的深层自我给了你这样的梦时，不要谈论它。不要稀释它的力量。那个梦是给你的。这是你和你的缪斯之间的事。闭上嘴，使用它。

唯一的例外是，如果你有一位也在拼尽全力的战友，如果能够帮助或鼓励他或者她，那倒是不妨与之分享。

内阻力与合理化

合理化是内阻力的左膀右臂。它的任务是让我们免于羞耻。毕竟，如果我们真能意识到自己是怎样一个逃避天赋使命的懦夫，是会感到羞耻的。

迈克尔

不要批评合理化。没有它我们会在哪里？我不知道有谁能在没有两三个有趣的合理化解释的情况下度过一天。它们比性更重要。

山姆

噢，少来了！没有什么比性更重要了。

迈克尔

哦，是吗？你有过哪一个星期是完全不需要合理化解释就过完的吗？

——杰夫·戈德布鲁姆和汤姆·贝林格，在劳伦

斯·卡斯丹的《大寒》（*The Big Chill*）中的台词

　　合理化有自己的帮手。那是我们心理上的一个部分，它真的愿意相信合理化解释所说的一切。

　　骗自己是一回事。相信它是另一回事。

内阻力与合理化防御

内阻力就是恐惧。但是它太狡猾了，不会这样赤裸裸地展示自己。为什么？因为如果内阻力以本来面目示人，让我们清楚地看到，是我们自己内心的恐惧阻碍了我们的工作，我们多半会感到羞耻。而羞耻则可能驱使我们反过来直面恐惧，采取行动。

内阻力不希望我们这样做。所以它招来了合理化。合理化是内阻力的代言人，会帮助它掩饰藏在身后的大棒。它不展示我们的恐惧（这可能会让我们感到羞耻，进而促使我们去做我们的工作），而是为我们提供了一系列看似中肯、合理的正当理由来解释，为什么我们不应该去做我们的工作。

尤其阴险的是，内阻力向我们提出的合理化解释中，很多都是真实的。它们合情合理。我们的妻子可能真的怀孕八个月了。她可能真的需要我们在家陪伴。公司部门可能真的要进行一次大变更，那将占用我们很多时间。推迟完成论文确实可能是合适的选择——怎么说也要等到孩子出生之后吧。

当然，内阻力刻意忽略了一点：这些其实都不是重点。托尔斯泰有十三个孩子，还是写出了《战争与和平》。兰斯·阿姆斯特朗患上了癌症，还是连续三年在环法自行车赛上夺冠。

内阻力可以被打败

　　如果内阻力不能被打败，就不会有《第五交响曲》，不会有《罗密欧与朱丽叶》，也不会有金门大桥。打败内阻力就像分娩。看似绝无可能，可想一想，不管有没有获得"支持"，五千万年以来的女性都做到了。

BOOK TWO

第二章

COMBATING RESISTANCE
Turning Pro

与内阻力作战 成为职业选手

研究战争是一回事。

像战士那样生活又是另外一回事。

——阿卡迪亚的人像柱

公元前 5 世纪的雇佣军

职业选手和业余爱好者

有志于从事艺术创作却被内阻力击败的人都有一个共同点。他们都像业余爱好者一样思考。他们还没有成为职业选手。

艺术家转变为职业选手的那一刻，就像他的第一个孩子出生那样代表着新纪元。转瞬之间，一切都改变了。我可以肯定地说，我自己的一生可以被分成两部分：成为职业选手之前和之后。

需要明确的是：我这里说的"职业"，并不是从事医生和律师等"职业"的人。我所说的"职业选手"是一种理想。"职业选手"的对比项是"业余爱好者"。想想其间的区别吧。

业余爱好者是为了好玩。职业选手志在必得。

对业余爱好者来说，比赛是他的消遣。而对职业选手来说，这是他的使命。

业余爱好者兼职，职业选手全职。

业余爱好者是一名周末勇士。职业选手每周七天都在那里。

"业余爱好者"一词源自拉丁语词根，意为"去爱"。传统的解释认为，业余爱好者追逐热爱，职业选手却是为了赚钱。我不这么看。在我看来，业余爱好者意味着对这项活动还不够热爱。如果足够热爱，就不会只把它作为一种副业来追求，与他的"正职"区分开来。

职业选手则不然，他们如此爱它，以至于不惜为它奉献一生。他无时无刻不投入其中。

这就是我所说的"成为职业选手"。

内阻力讨厌我们成为职业选手。

职业选手

有人问萨默塞特·毛姆，他是按日程计划写作，还是只在有灵感的时候写作。"我只在灵感到来的时候写作，"毛姆回答，"幸运的是，它每天早上九点准时出现。"

这就是职业选手。

关于内阻力，毛姆说："我鄙视内阻力。我不会让它困扰我。我会坐下来，做我的工作。"

毛姆还推测出了另一个更深刻的真相：通过坐下来开始工作这样一个平凡的身体动作，他启动了一系列神秘却精准无误的事件，从而引来了灵感，就像女神校准手表，与他的实现了同频共振一样。

他知道，只要动手去做，她就会到来。

作家一天的内心感受

我醒来时会有一种痛苦的不满足感。我已经感到恐惧了。身边的亲友爱人已经渐渐开始消失。我互动。我在场。但实际上，我并不在。

我不去思考工作。我已经把它交给缪斯了。我觉察到的是内阻力。我感觉到它在我的身体里。我给予它最大限度的尊重，因为我知道，它随时可以击败我，不费吹灰之力，就像对酒的渴望能够轻松战胜酒鬼一样。

我忙忙碌碌地做家务，读信写信，处理必须完成的日常琐事。同样的，我置身其中，却又不是真的在。时钟在我的脑子里运行。我知道，我可以短暂地沉迷于日常的鸡毛蒜皮，但当召唤铃响起，我就必须抽身。

我很清楚什么是"优先原则"。它要求：（a）你必须知道什么是紧急的，什么是重要的；（b）你必须先做重要的事情。

重要的是工作。这是我必须全副武装去面对的比赛，是我必须拼尽全力的赛场。

我真的相信我的工作对地球的幸存至关重要吗？当

然不是。但对我来说很重要，正如同抓住那只老鼠对在我窗外盘旋的鹰来说很重要。他饿了。他需要猎物。我也是。

我现在已经做完我的杂事了。到时间了。我说出我的祈祷词，开始狩猎。

太阳还没有升起；天气很冷；田野都湿透了。荆棘划伤了我的脚踝，树枝在我的脸上折断。这座山是个狗娘养的，但你又能怎么办？只能一步接着一步，继续往上爬。

一个小时过去了。我全身上下都开始暖和起来，迈步促进了我的血液流动。这些年的时光教会了我一项技能：如何痛苦。我学会了如何闭上嘴，继续艰苦跋涉。这是一笔巨大的财富，因为它是人性化的，是一个凡人应有的角色。它不会冒犯神灵，反倒能让他们同情我，提供庇护。我的怨气开始消退。本能开始接管一切。又过了一个小时。我转过灌木丛的角落，它在那里——我就知道，只要坚持，那只可爱的肥野兔就会出现。

从山上回家，我感谢神灵，并献给他们猎物的一部分。他们把它带给了我，这些猎物是他们应得的。我很感恩。

我在壁炉旁和孩子们开玩笑。他们很高兴——老头子带了培根回家。老妇人也很高兴，忙着用它们做饭。我也很高兴，至少在今天，我赚到了在这个星球生存的生活费。

此刻，内阻力不再是我要考虑的因素。我不去想打猎的事情，也不想办公室。紧绷感渐渐从我的脖子和背上褪去。在这个夜晚，我所感受到的，所说的，所做的，都不会出自我内心任何不被承认或未被解决的部分，不会出自被内阻力毁坏的部分。我心满意足地去睡觉，但睡着前划过脑海的最后一个念头还是内阻力。明天，我又将在它的纠缠下醒来。我这就开始为自己鼓劲了。

如何痛苦

我在年轻时躲避征兵，不知怎么地，却最终加入了海军陆战队。他们都说，海军陆战队的训练能把娃娃脸新兵变成嗜血杀手。相信我，海军陆战队没有那么厉害。但是，它教会我的东西比那要有用得多。

海军陆战队教你如何痛苦。

对艺术家来说，这是无价的。

海军陆战队喜欢痛苦。比起他们鄙视的步兵、骑兵或空军，海军陆战队员能在更冷的食物、更糟糕的装备和更高的伤亡率中获得一种异样的满足感。为什么？因为那些蠢人不知道如何痛苦。不管有没有意识到，献身于个人感召的艺术家便已是志愿选择了地狱。在此期间，孤立、拒绝、自我怀疑、绝望、嘲笑、蔑视和羞辱就是他每日的食粮。

艺术家必须像个海军陆战队员一样。他必须知道如何痛苦。他必须热爱痛苦。他必须能为自己比任何士兵、水手或喷气机师都更痛苦而感到骄傲。因为这是战争，亲爱的。战争即地狱。

我们都是职业选手

就本职工作而言，我们都是某个领域的职业选手。

我们有薪水。我们为钱工作。我们是职业选手。

那么，我们是否可以审视平常生活中已经成功的事情，从中找出一些原则，并将它们应用于我们的艺术抱负？究竟是什么特质使我们被定义为职业选手？

① 我们每天都会出现。这或许只是因为我们不得不如此，不然就会遭到解雇。无论如何，我们做到了。每天都出现。

② 无论发生什么，我们都会出现。无论生病还是健康，哪怕天崩地裂，我们还是会跌跌撞撞地走进工厂。这或许只是为了不让同事失望，或是出于其他不那么高尚的原因。但是我们做到了。无论发生什么，我们都会出现。

③ 我们整天都在岗位上。我们的脑子可能会走神，但身体仍在工作。当电话响起时，我们接电话。当客户寻求帮助时，我们帮助他。直到下班铃

响起才回家。

④ 我们致力于长远发展。明年我们可能会换另一份工作，另一家公司，另一个国家。但我们仍将继续工作。直到中彩票之前，我们都是劳动力的一部分。

⑤ 对我们来说，利益是巨大且真实的。这关乎生存、养家糊口、教育孩子。关系到吃饭。

⑥ 我们接受劳动报酬。我们来这不是玩儿的。我们为钱工作。

⑦ 我们不会过分共情自己的工作。我们可能会为自己的工作感到自豪，可能会熬夜，周末也用来加班，但我们会意识到，我们自身不等同于我们工作的内容。反之，业余爱好者过度认同他的业余爱好、他的艺术抱负。他以此来定义自己。他是音乐家、画家、剧作家。内阻力最喜欢这样。内阻力知道，业余作曲家永远写不出他的交响乐，因为他对成功期望太高，对失败太过恐惧。业余爱好者把它看得太重了，以至于无法行动。

⑧ 我们精通工作的技艺。

⑨ 我们对自己的工作葆有一份幽默感。

⑩ 我们在现实世界中受到赞扬或指责。

现在想想业余爱好者：有抱负的画家，想成为剧作家的人。他们又是如何追求自己的使命的呢？

第一，他不是每天都出现。第二，他不是无论如何都出现。第三，他不是整天都在岗位上。他没有给出长期的承诺；对他来说，赌注是虚幻的、假的。他不赚钱。他对自己的艺术过于感同身受。他对失败没有幽默感。你不会听到他抱怨："这该死的三部曲简直要了我的命！"相反，他根本不会动笔去写他的三部曲。

业余爱好者没有掌握艺术的技巧，也不愿将自己暴露在现实世界中接受评判。如果我们向朋友展示我们的诗歌，朋友会说："太棒了，我爱这首诗"。这不是真实世界的反馈，而是朋友对我们的善意。没有什么比真实世界的验证更有力量，即使结果注定是失败。

在尝试了十七年之后，我的第一份职业写作的工作，是在一部叫作《金刚复活》的电影团队做编剧。我和那时的搭档罗恩·舒塞特（一位很有才华的作家和制片人，创作过《异形》和《全面回忆》）一起苦心为迪诺·德拉伦提斯锤炼剧本。我们很爱那个剧本，坚信我们能够成功。即便在看过成片之后，我们依然认定它会是一部轰动一时的大片。我们邀请认识的每一个人参加首映礼，甚至包下了隔壁的餐馆准备开庆功宴。"早点儿到"，我们提醒朋友们，这地方会堵得水泄不通。

没有人出现。只有一个人在排队，在我们的客人们旁边，嘀咕着一些有关找零的事情。在剧院里，我们的朋友们静默而麻木地忍受着这部电影。灯光一亮，他们像蟑螂一样逃进了黑夜。

第二天，《综艺》杂志上登出了评论："……罗纳德·舒塞特和史蒂文·普莱斯菲尔德——希望这不是他们的真名，看在他们父母的份上。"当第一周的票房出现时，这部电影的成绩几乎可以忽略不计。我还是抱着一丝希望。也许它只是不受城里人欢迎呢，说不定在郊区的反响会好一点。我骑摩托车去了一个城郊的连锁影院。一个年轻人守在爆米花摊前。"《金刚复活》好看吗？"我问。他大拇指朝下一比："别看，伙计。烂透了。"

我被击垮了。那时的我，四十二岁，离异，没有孩子，放弃了一切平常人的追求去追寻写作的梦想。现在，我终于让自己的名字出现在了一部由琳达·汉密尔顿主演的好莱坞大制作的银幕上，可结果呢？我是一个失败者，一个赝品；我的人生一文不值，我也一样。

我的朋友托尼·凯佩尔曼问我是不是打算放弃，一下子把我拽出了这困境。"什么？当然不。""那就开心点儿。你已经走到你梦想的地方了，不是吗？没错，你现在受到了一些打击。可这就是站上竞技场而不是待在场边观看的代价。别抱怨了，要感恩。"

就是在那一刻，我意识到自己已经成为了一名职业选手。我还没有成功。但我已经拥有了一次真正的失败。

因热爱而战

澄清一点有关职业精神的问题：职业选手接受金钱报酬，但他也的确是因热爱而工作。他必须热爱它。否则就不会出于自由意志而甘愿将一生奉献给它。

然而，职业选手已经懂得，太多的爱可能反倒是坏事。太多的爱会让他窒息。因此，职业选手看似态度冷漠，举止冷血，其实都只是补偿的手段，防止他太过于热爱这场游戏，以至于止步不前。为了钱上场，或者说，采取为钱上场的态度，可以降低狂热。

记住我们此前探讨过的恐惧、爱及内阻力的关系。你越热爱你的艺术／使命／企业，完成它对你的灵魂进化就越重要，因此，你就越害怕它，面对它时感受到的内阻力也就越大。为了钱上场，回报并不是钱（即使成为了职业选手，也可能永远都赚不到钱）。其中的好处在于，为钱上场能够培养出正确的职业态度。它灌输了一种像午餐饭盒一样的心态，一种风雨无阻、无论白天黑夜都会出现在工作岗位上的死原则、死脑筋、硬着头皮上的心态，让你能够日复一日地与内阻力死磕到底。

作家就像步兵。他知道，进步是以每一天、每一小时、每一分钟从敌人那边挖出的泥土码数来衡量的，是用鲜血换来的。这样的艺术家穿的是作战靴。照镜子时，他看到的是大兵甲乙丙丁。记住，缪斯喜欢勤奋工作的人。她讨厌恃才傲物的家伙。对众神来说，最大的罪不是强奸或谋杀，而是骄傲。把自己想象成一名雇佣兵，一把被雇佣的枪，这会让你保有适当的谦卑。它能够洗去骄傲和自以为是。

内阻力爱骄傲和自以为是。内阻力说："给我一个因为写得太好而不能接受 X 工作或 Y 任务的写作者，我就让你看一个能被我像捏核桃一样捏碎的人。"

原则上说，职业选手是收钱的。更确切地讲，职业选手为报酬工作。但归根结底，他所做的一切都是出于热爱。

现在让我们思考一下：职业选手需要具备哪些素养？

职业选手是耐心的

内阻力以书中最古老的伎俩战胜了业余爱好者：它利用他们自己的热情来对付他们。内阻力鼓动我们一头扎进某个项目，制定出一份雄心勃勃却不切实际的时间表。它知道我们无法维持这样的强度。我们会碰壁。会崩溃。

相反，职业选手懂得延迟满足。他们是蚂蚁，不是蚱蜢；是乌龟，不是兔子。你听过西尔维斯特·史泰龙连续三晚不眠不休完成《洛基》剧本的传奇故事吗？我不知道，也许是真的吧。但对于觉醒中的写作者来说，这是最有害的那一类故事，因为它会诱使他们相信，自己也可以不必经受痛苦和长久的坚持就获得成功。

职业选手用耐心武装自己，不仅是为自己的职业生涯留出从容的时间，还能够控制自己，在任何一项工作中都不至于因为过载而功亏一篑。他知道，任何一份工作，无论是小说创作还是厨房改造，所需要的时间都会是他预想的两倍，代价也是两倍。他接受这一点。承认这就是现实。

职业选手会在一个项目启动之初就做好准备，提醒自己，这是阿拉斯加的狗拉雪橇比赛，而不是六十码短跑。他懂得保存能量。做好了打持久战的思想准备。他始终知道，只要能让哈士奇们一直向前，雪橇迟早能够抵达终点诺姆。

职业选手寻求秩序

当我住在我的雪佛兰厢式车后面时，每次都得从层层叠叠的轮胎工具、脏衣服和发霉的平装书下面把我的打字机挖出来。我的卡车就是一个窝，一个蜂巢，一个架在车轮上的鬼地方，我每晚都不得不清理睡觉的地方，只为掏出一个散兵坑，好躺进去打个盹。

职业选手不能这样生活。他有任务在身。他不会容忍混乱。只有消除现实世界里的混乱，他才能消除脑海中的混乱。他希望地毯是用吸尘器吸过的，门槛是打扫干净的，这样，缪斯才有可能进来，而不必担心弄脏她的长裙。

职业选手去神秘化

　　职业选手将自己的作品视为手艺，而非艺术。这并不是因为他们觉得艺术缺乏神秘的维度。恰恰相反。他们明白所有创造性的努力都是神圣的，只是并不纠结于此。他们知道，想得太多只会让自己束手束脚。所以他们专注于技艺。职业选手精通"如何做"，将"做什么"和"为什么做"留给众神。就像萨默塞特·毛姆一样，职业选手不坐等灵感到来，他们只管行动，同时心怀期待，希望它出现。职业选手敏锐地意识到灵感中难以捉摸的东西。出于尊重，他们让灵感自行其是。职业人士专注于自己的领域，并以此为灵感留出属于它的空间。

　　业余爱好者的标志是对神秘的过分赞美和痴迷。

　　职业选手则会闭嘴。她不谈论它。她只管做她的工作。

职业选手与恐惧同行

业余爱好者相信他必须首先克服恐惧，然后才能开始工作。职业选手知道恐惧永远无法被克服。他知道世上没有无所畏惧的战士和不战战兢兢的艺术家。

亨利·方达的做法是，在更衣室的马桶间里吐完，然后整理干净，走上舞台。他仍然害怕，但他逼迫自己强忍恐惧，继续前进。他知道，一旦投入行动，恐惧就会消退，他会没事的。

职业选手不找借口

业余爱好者低估了内阻力的狡猾，允许流感引他放下手中的章节。他相信毒蛇在他脑子里的声音，说邮寄手稿比完成今天的工作更重要。

职业选手学到的更多。他尊重内阻力。他知道，无论借口多么合理，只要今天屈服了，明天屈服的可能性就会是今天的两倍。

职业选手知道，内阻力就像电话销售，只要你回应一句"哈喽"，就完了。职业选手压根儿不接电话。他只是埋头工作。

职业选手不抱怨环境

我和我的朋友"老鹰"在苏格兰的普雷斯特维克打高尔夫，第一洞就遇上左边狂风大作。我用八号铁杆迎风开球，只打出了30码，大风截住了它；我惊愕地看着球向右侧飞去，撞到果岭上，再弹进卷心菜地里。"狗娘养的！"我转向球童，"你看到了吗？风把球打出去了！"

他露出那个只有苏格兰球童才做得出的表情。"嗯，你现在得跟风比赛了，不是吗？"

职业选手在现实世界中处理他的业务。逆境、不公、糟糕的跳槽、令人不适的电话，乃至于好的突破和幸运的反弹，共同组合成了这片战场，战役必将在这里打响。职业选手知道，一马平川的赛场只会出现在天堂。

职业选手准备充分

我在这里说的不是技艺——那是不用说的。职业选手在更深的层次上做好了准备。每一天，他都准备着迎接来自自我的破坏。

职业选手明白内阻力是机巧多变的。它会向他扔下他从未见过的东西。

职业选手会在心理上做好准备，消化打击，并将它们输出。他的目标是接受每一天带给他的一切。他做好了谨慎和鲁莽的两手准备，在必要时挨打，在有机会时直击要害。他明白，战场每天都在变化。他的目标不是胜利（成功会在它愿意的时候自己到来），而是尽可能坚定、稳定地控制住自己，驾驭自己的内心。

职业选手不炫技

职业选手的作品自有它的风格，这是他自己的，与众不同。但他不会用风格来哗众取宠。他的风格是为素材服务的。他不会把风格当作吸引关注的手段。

这并不意味着职业选手不会时不时地抛出一个 360 度大回旋的战斧大招，当然，只是为了让那些小子们知道，他宝刀未老。

职业选手致力于掌握技艺

职业选手尊重他的技艺。他并不认为自己凌驾于技艺之上。他认可此前所有人做出的贡献。他将自己视作前人的学徒。

职业选手致力于掌握技艺，并不是因为他相信技艺可以替代灵感，而是希望在灵感到来时自己已经做好准备，掌握了全部技能。职业选手是狡黠的。他知道，通过在技术的前门苦练，就能为天才留出从后门进入的空间。

职业选手不耻于求助

　　泰格·伍兹是全世界最伟大的高尔夫球手。尽管如此，他依然有一位老师——他和布奇·哈蒙一起练习。"老虎"并非勉强忍受他的教导，也不觉得痛苦，事实上，他很享受。能和布奇一起站在开球点前练习，进一步了解他所热爱的这项运动，是他在职业生涯中最热衷的乐趣。

　　泰格·伍兹是一位完美的职业选手。他从来不会像业余爱好者一样，以为自己无所不知，以为只靠自己就能解决所有问题。相反，他寻找最富学识的老师，竖起双耳倾听。学习这项运动的人都知道，高尔夫和所有艺术门类一样，能带来的启示是无穷无尽的。

职业选手与"乐器"保持距离

职业选手总是与他们的"乐器"保持距离——这里的"乐器",指的是他们的人,他们的身体、声音、天赋;是他们在工作中需要调动的肢体、心理、情感和心理状态。他们不认为自己等同于这件"乐器"。这只是上帝赐予他们的工具,他们必须与之合作。他们会冷静、客观、不带个人偏好地去评估它。

职业选手认同的,是自己的意识和意愿,而不是意识和意愿所操纵的、为他们的艺术而服务的东西。麦当娜难道会穿着锥形胸罩和充满性邀请意味的紧身胸衣在家里走来走去吗?她忙着计划她的登陆日呢。麦当娜不会认为自己等同于"麦当娜"。麦当娜雇用"麦当娜"。

职业选手不将失败（或成功）归于个人

当人们说一个艺术家厚脸皮时，他们的意思并不是说这个人迟钝或麻木，而是说他将自己的职业意识与个人的自我区分开来，放在了不同的地方。要做到这一点，需要极其坚强的个性，因为我们最深层的本能是与之背道而驰的。进化在我们的胆魄里织进了对拒绝的敏感。部落就是这样，通过驱逐的威胁来强制成员服从。害怕被拒绝不仅仅是心理问题，它是生物学的。它深植于我们的细胞里。

内阻力了解这个，并利用它来对抗我们。它利用对被拒绝的恐惧来麻痹我们，阻止我们行动：只要不完成我们的工作，就不用接受公众的评价。我有一位亲近的朋友，花了多年时间，努力创作出一部优秀而深刻的个人小说。一切都完成了。他把稿子放进邮箱，却怎么也没办法把它寄出去。对于被拒绝的恐惧抽干了他的勇气。

职业选手不会把被拒绝看作是针对个人的行为，因为这势必会增强内阻力。编辑不是敌人，评论者也不是敌人。内阻力才是敌人。战争发生在我们自己的大脑中。我们不能让外界的批评——哪怕它说得都对——来强化我们内部的敌人。那个敌人已经足够强大了。

职业选手告诫自己，要与作品保持距离，哪怕那是他们心血的结晶。《薄伽梵歌》告诉我们，我们只有劳动的权利，没有要求劳动果实的权利。勇士所能付出的只有生命；运动员所能做的只是将一切都留在竞技场上。

职业选手热爱工作，会全身心地投入其中。但他们时刻记得，工作不等于他们自身。他们的艺术自我里包含着许多作品和许多表演。下一个作品已经开始在他们心中酝酿。下一个会更好，再下一个会比下一个更好。职业选手选择自我认证。他们意志坚强。无论面对冷漠还是吹捧，他们都能冷静、客观地评估自己的作品。不够好的地方，下次改进。好的地方，再接再厉，下次要做得更好。他们会更加努力。明天，他们还会回来。

职业选手倾听批评，从中学习、成长。但他们从未忘记，内阻力也会利用批评，从更加恶劣的层面上打击他们。内阻力征集批评，来为早已暗藏在艺术家头脑中的"第五纵队"[1]恐惧输送给养，试图摧毁他们的意志，打破他们的奉献精神。职业选手不会上当。他们决心坚定，超越了一切：无论怎样，绝不让内阻力击垮我。

---

1 第五纵队，源自西班牙内战时期，泛指隐藏在内部的间谍。

职业选手扛得住逆境

　　我在浮华城[1]待了五年，试着写了九部电影剧本，没有一部能卖出去。最后，我终于有了和一位大制作人见面的机会。他一直在接电话，哪怕在我讲剧本的时候也没停下。他挂着那种耳机，甚至不用拿起听筒。有电话进来他就接。直到接到一个私人电话。"你介意吗？"他指着门问道，"我需要一些私人空间来接这个电话。"我退了出去。门在我身后关上了。十分钟过去。我站在门外秘书们的办公桌旁。又是二十分钟过去了。终于，制作人的房门打开了。他一边穿外套，一边往外走。"哦，实在是抱歉！"

　　他把我忘得一干二净。

　　我也是一个人。这很伤人。但我不是年轻人了——那时的我已经四十多岁，有着一份摞起来将近半人高的失败前科档案。

　　职业选手不能把羞辱归于个人。就像拒绝和批评一

1　好莱坞的贬称。

样，羞辱也是内阻力的外在反映。

职业选手能够忍耐逆境。他听任鸟粪溅落在他的油布雨衣上，心里知道，只要拎起水管，开大了水，就能冲洗干净。他自身才是他创作的核心，哪怕鸟粪堆成了山，他也不能被埋葬。他的内核是防弹的。除非他自己允许，否则任何东西都触碰不到它。

有一次，我在高速公路上看到一个开凯迪拉克的胖老头很快活的样子。他开着空调，CD 机里放着"指针姐妹"的歌，嘴里叼着一根廉价的雪茄在吞云吐雾。他的车牌上写着：

应付款已付

职业选手会一直盯着甜甜圈，而不是中间的洞。他们会提醒自己，就算是在斗牛场上被公牛踩伤，也胜过站在看台上，或躲在停车场里。

职业选手自我认证

　　业余爱好者会因为他人的负面意见而变得怯懦。他把外界的批评放在心上，让它压倒了对自己和工作的信念。内阻力喜欢这个。

　　想再听一个泰格·伍兹的故事吗？那是2001年的大师赛——泰格·伍兹最终赢下这场比赛，依靠连续夺得四项大满贯赛事冠军，达成了"老虎全满贯"——的最后一天，最后四个洞，观众席上有个笨蛋在泰格的球杆向后挥到最顶端时按下了相机快门。令人难以置信的是，泰格竟能在挥杆途中拉起球杆，没有击球。这还不是最惊人的部分。在犀利地瞥了那男人一眼之后，泰格重新调整好状态，回到球前，打出了310码，直落中场。

　　这就是职业选手。这是一种我们大多数人都无法理解，更谈不上效仿的强大内心。不过，不妨让我们仔细看看"老虎"伍兹究竟做了什么，更确切地说，是他没有做什么。

　　第一，他没有让本能主导反应。他没有允许这种按理说会天然地激起愤怒的行为导出其愤怒。他控制住了自己的反应。掌控了自己的情绪。

第二，他没有把这件事放在心上。他可以将这位摄影爱好者的行为视为针对他个人的蓄意攻击，认为这就是为了毁掉他的击球。他可以恼火、愤怒，或是把自己塑造成受害者。但他没有。

第三，他不认为这是上天的恶意。他可以将这次意外视为高尔夫之神的恶意，就像棒球场上一个糟糕的反弹球或网球比赛中边裁的一次失误。他原本可以为这种不公、这种干扰而抱怨、生气，或在精神上屈服，把它当作失败的借口。但他没有。

伍兹所做的是，保持对这一时刻的掌控权。他明白，无论外部对他送来了怎样的阻碍，他始终有自己的工作要做，此时此刻，他要做的就是好好击出这一球。他知道，他仍然有能力打出这一击。除非他自己选择纠缠于情绪化的不安，否则就没有什么能阻挡他。泰格·伍兹的母亲库提达是一名佛教徒。或许，他是在母亲身上学会了慈悲同情，让他能放下愤怒，原谅这样一个过分热情的"快门手"的疏忽。总而言之，终极职业选手泰格·伍兹只用一瞥便迅速纾解了愤怒，随即重新调整状态，回到了眼前的任务中。

职业选手不能允许用他人的行为来定义自己的现实。

明天早上，评论者就会离开，写作者却依然要面对新的空白页。除了坚持工作之外，什么都不重要。只要没有出现家庭危机，没有爆发第三次世界大战，职业选手就会继续出现，随时准备为众神服务。

记住，内阻力巴不得我们把掌控权让渡出去。它希望我们将我们的自我价值、身份、我们存在的理由都建筑在他人对我们工作的反应之上。内阻力知道，我们承受不了这个。没人承受得了。

职业选手对评论者不屑一顾。甚至听不见他们的声音。他会提醒自己，评论者是内阻力的不自知的喉舌，因此可能是真正狡猾和有害的。他们可能在评论中灌注毒液，就是那种内阻力早已在我们自己的头脑中调制出的毒液。这是他们真正的罪恶。我们相信的并不是他们，而是我们自己心中的内阻力，就此而言，评论者也不过是内阻力的不知情的代言人。

职业选手学会了识别因嫉妒而生的批评，并将其视为最高的赞美。评论者最痛恨的无非一点，如果有足够的勇气，他本可以自己上场做那些事情。

职业选手看得到个人局限

职业选手有经纪人，有律师，有会计师。她知道，自己只能在一件事上成为职业选手。于是引入其他的职业选手，尊重他们的专业。

职业选手重新发明自己

高迪·霍恩曾经观察到，在好莱坞，女演员只有三个年龄段："甜心，地方检察官，《为黛西小姐开车》。"她提出的是一个不同的观点，但真相依旧不变：作为艺术家，我们为缪斯服务，而缪斯需要我们在一生中完成的工作可能并不止一种。

职业选手不会允许自己墨守一个状态，无论多么舒适或成功。就像转世的灵魂，抛开旧的身体，换上新的。然后继续他的旅程。

职业选手能认出彼此

职业选手能感觉到谁付出了时间，谁没有。就像艾伦·拉德和杰克·帕拉斯在《原野奇侠》里相互绕圈一样，一把枪能认出另一把枪。

你与公司

第一次搬到洛杉矶时，我认识了一些在职编剧，了解到许多人都有他们自己的公司。他们不是以个人的身份提供写作服务，而是作为那个一人公司的"借调"人员出场。他们的写作合同都是 f / s / o（for services of）——"服务于"他们自己。我以前从未见过这种事情。感觉这样很酷。

对于写作者来说，把自己纳入公司有一定的税收和财务优势。但我爱的是其中的隐喻。我喜欢这个想法，我可以是"我自己"股份有限公司。这样我就有了两顶帽子。我可以雇佣自己，也可以解雇自己。我甚至可以大肆吹嘘自己，就像罗宾·威廉姆斯曾经谈到的那些剧作家兼制片人一样。

让自己成为一家公司（或者只是这样看待自己）可以强化职业精神，因为它将创作具体作品的艺术家和凭借着意愿、意志操持事业的艺术家分开了。无论前者的头上落下多少辱骂，后者都可以泰然处之，继续工作。反之，面对成功时，身为写作者的你可能会头脑发热，但作为老板的你总会记得，如何让自己收敛一点。

你曾在办公室里工作过吗？那就该知道周一早上的每周例会。小组成员在会议室集合，老板审核接下来一周里每个团队成员要负责的任务。等到会议结束，助理会整理好工作表，分发给大家。一小时后，当这份工作表出现在你的办公桌上时，你就会清楚地知道这一周该做些什么了。

我每周一都会和自己开一次这样的会议。我坐下来，检查我的工作任务。然后把它打出来，发给自己。我有公司文具、公司名片和公司支票簿。我核销公司开支，缴纳公司营业税。我为自己和公司准备了不同的信用卡。

如果我们把自己视为一家公司，就能在我们和我们自己之间留出一段健康的缓冲距离。我们会不那么主观。不把打击归结于个人。我们可以更冷血；也可以更现实地为我们产出的商品定价。有时候，作为某某某本人，我太好说话，以至于不好意思走出去推销。但作为某某某股份有限公司，我甚至能为自己拉皮条。我不再是我了。我是"我"股份有限公司。

我是职业选手。

穷追不舍

为什么当我们成为职业选手时，内阻力会屈服？因为内阻力是个仗势欺人的家伙。内阻力本身没有力量，它的力量完全来源于我们对它的恐惧。哪怕是最弱小的笨蛋，只要能够坚持立场，仗势欺人者也会退缩。

职业精神的本质在于：当我们工作时，只专注于工作和工作的相关需求，不计其余。古代斯巴达人训练自己将敌人一概视为没有姓名、没有面貌的对象，不理会对方是谁。换言之，他们相信，只要做了自己应做的工作，在这个地球上就没有任何力量能够与之对抗。在《搜索者》中，约翰·韦恩和杰弗里·亨特分别饰演伊森·爱德华兹和侄子马丁，两人追踪挑起战争的部落首领斯卡尔，因为斯卡尔绑架了他们的亲人，由娜塔莉·伍德饰演的"侄女"。冬天阻碍了他们，但伊森的决心并不曾因此消减。他宣布，自己会在春天回来，继续追踪——早晚有一天，逃跑的人会放松警惕。

伊森

他似乎从来没有意识到有一种东西叫"穷追不舍"。所以，我们终究会找到他们的，我向你保证。就像保证地球会继续转动一样。

职业选手穷追不舍。他比内阻力还要坚决，还要不依不饶，并在内阻力的游戏里将它打败。

没有神秘可言

　　成为职业选手并不神秘。这是一个由意愿主导而做出的决定。我们下定决心把自己视为职业选手，并付诸行动。就这么简单。

BOOK THREE

第三章

BEYOND RESISTANCE
The Higher Realm

超越内阻力　更高的领域

首要职责是向神灵献祭，

祈祷他们引导你的思想、言语和行动，

指引你发出最可博取神灵欢喜的号令，

为你自己、你的朋友和你的城市

带来最丰盛的爱、荣耀和利益。

——色诺芬《骑兵指挥官》

抽象意义上的天使

接下来的几个章节会涉及到不可见的精神力量，这些力量在我们追寻自我的旅程中支撑、支持着我们。我打算使用"缪斯""天使"等说法。

这会让你不舒服吗？

如果是的话，我允许你抽象地思考天使。把这些力量看成去人格化的客观存在，就像重力一样。也许它们原本就是这样。相信每一粒粮食、每一颗种子里都蕴含着某种使其生长的力量，这并不难，对吗？又或者，每一只小猫、每一匹小马都生来就具备一种本能，让它奔跑、玩耍、学习。

内阻力既然可以被拟人化（我一直在说内阻力"爱"这样或"恨"那样），它当然也可以被看作一种自然的力量，就像熵或分子衰变一样不为人力所改变的客观存在。

同样，关乎个人成长的召唤也可以通过拟人（恶魔或天才，天使或缪斯）或去人格化的方式来具体体现，就像潮汐和金星凌日，也都是这样。只要我们觉得舒服，怎样都行。如果任何超维度的想象都不合你的胃口，那就把它看作"天赋"好了，就当是物种演化写在我们基因里的编码。

就我试图提出的理论而言，重点在于，有那么一些力量是可以被我们引为盟友的。

正如有内阻力致力于阻碍我们成长为我们生来应该成为的那个人，也有一些力量站在它的对立面，并且能够与之抗衡。后者便是我们的盟友和天使。

接近神秘

为什么我在前面的章节中如此强调职业素养？因为艺术领域中最重要的就是工作。除了日复一日地坐下来付出努力，其他一切都不重要。

为什么这如此重要？

因为，只要我们能够每天都坐下来，不断地"磨"，一些神秘的事情就会开始发生。齿轮开始转动。在这个过程中，上天必定、必然会对我们伸出援手。会有看不见的力量加入我们的事业进程，会有意想不到的好运加持我们最终的目标。

这也是一个只有真正的艺术家才知道的秘密，止步于"想成为创作者"的人不会知道。每一天，当我们坐下来，开始工作，便会有力量聚集在我们周围。缪斯会注意到我们的奉献。她赞赏这样的奉献。于是，我们赢得了她的青睐。坐下来工作时，我们仿佛变成了吸引铁屑的磁铁，想法纷至沓来，洞见不断累积。

正如内阻力在地狱占有一席之地，创造力栖身于天堂。它不仅仅是一位见证者，更是热心又积极的盟友。

我所说的职业素养，在其他人口中可能是"艺术家法则"或"战士之道"。这是一种无我和服务的态度。圆桌骑士们纯洁、谦逊，可他们与恶龙决斗。

我们同样面对着恶龙。那是匍匐在我们灵魂中的怪兽格里芬，只有战胜它们，我们才能要找到自己潜能的宝藏，释放那个被囚禁的"少女"，她是上天赐予的那个命定的我们自己，是我们投生到这颗星球上的原因。

召唤缪斯

本章开头所引色诺芬的话出自一本名为《骑兵指挥官》的小册子，这位著名的战士兼历史学家在书中向有志于成为雅典骑兵队军官的贵族子弟们提供了指导。他声称，指挥官的首要职责不是清理马厩，也不是向国防审查委员会寻求资金支持，而是向神灵献祭，求取他们的帮助。

我也这么做。每次坐下来开始工作之前，我所做的最后一件事，就是向缪斯祈祷。我无比虔诚地大声念诵我的祷词。只有到那时，我才开始我的工作。

在眼看着渐渐逼近三十岁的时候，我来到北加州，租下了一所小房子。去那里是为了完成一部小说，不然就干脆自杀。在此之前，我已经搞砸了和心爱女孩的婚姻，尽管我全心全意地爱着她；还毁掉了两段职业生涯。尽管当时的我还对个中缘由一无所知，但事实上，这一切都是因为我不懂得应对内阻力。这一部小说完成了十分之九，另一个故事写到了百分之九十九，结果统统被我扔进了垃圾桶。我没办法完成它们。我没有勇气。对内阻力屈服到如此程度，我沦为了此前提到的一切堕落、恶行、注意力涣散和你叫得上名字的所有糟糕情形下的牺牲品。我无路可走，最后被推到了这座沉寂的加州小镇，带着我的雪佛兰厢式车、猫咪"莫"和我的史密斯－科罗纳古董打字机。

那条街上住着一个名叫保罗·林克的人。你可以查一下，他曾经出现在亨利·米勒的《大瑟尔和希罗尼默斯·博斯的橙子》里。保罗是个作家，住在他的露营车"白鲸"里。我每天都和他一起喝咖啡。他向我介绍了许多我从未听说过的各色作家，教会我自律、奉献，以及市场的罪恶。但最重要的是，他将他的祈祷文分享给了我。那是荷马史诗《奥德赛》中"缪斯的召唤"一段，来自 T. E. 劳伦斯的译本。保罗用他那台比我更古老的雷明顿打字机为我打了一份。我到现在还保存着。那张纸已经泛黄，像枯叶一样焦脆，似乎只要轻轻地吹上一口气，它就会化作尘埃。

我的小房子里没有电视机。我不看报纸，也不看电影。只是工作。一天下午，当我正在改造成办公室的小卧室里噼里啪啦打字的时候，突然听到外面传来邻居家收音机的声音。有人在滔滔不绝地高声宣布"……为了坚守、保护和捍卫美国宪法"……我走出门去。出什么事了？"你没听说吗？尼克松下台了；他们换了个新的家伙上去。"

我完全错过了水门事件。

我决心继续工作。我已经失败了太多次，还因此给我自己和我爱的人带来了太多的痛苦，以至于我总觉得，如果这一次再失败，就只能去上吊了。我那时还不知道什么是内阻力。没有人教过我这个概念。但是我感觉到它了，很清晰。它带给我的感受，是一种自我毁灭的冲动。我无法完成手头已经开启的工作。越是接近终点，我就越是会找出各种各样的方法来把它搞砸。我连续工作了二十六个月，中途只抽出两个月时间去华盛顿州做了一阵子的流动劳工，终于有一天，我写到了最后一页，打出了最后几个字：

全书终。

我终究没能为那本书找到买家。下一本也没有。足足过了十年，我写出来的东西才换来了第一张支票，在那之后又过了十年，我的第一本小说《巴格·万斯传奇》才终于出版。可就在那一刻，当我第一次用键盘敲出"全书终"几个字时，一个新的纪元开始了。我记得自己是怎样转动卷轴，把最后一页纸抽出来，放到写完的那一摞手稿上方。没有人知道我写完了。没有人在乎。但我自己知道。那感觉就像是，我穷尽一生都在与之战斗的那条恶龙倒下了，倒在我的脚边，吐出它最后一口满是硫磺气的龙息，死了。

安息吧，狗娘养的。

第二天早上，我去找保罗喝咖啡，告诉他我写完了。"好样的。"他头也不抬地说，"今天开始下一本。"

继续召唤

遇见保罗之前，我从未听说过缪斯女神。是他为我开蒙。缪斯有九个姐妹，是宙斯和记忆女神摩涅莫绪涅的女儿。她们的名字分别是克利俄、埃拉托、塔利亚、忒耳西科瑞、卡利俄珀、波吕许尼、欧忒耳珀、墨尔波墨涅和乌拉尼亚。她们的工作是将灵感赋予艺术创作者。每个缪斯负责不同的艺术门类。新奥尔良有一个街区，街道都是以缪斯们的名字命名。我在那里住过，却毫无概念，竟以为那只是一些古怪的名字。

以下是苏格拉底对于"天赋迷狂的美满效果"的说法，记录在《柏拉图对话录》的"斐德罗篇"中：

第三种迷狂，是由缪斯凭附而来。她攫住一个温柔贞洁的灵魂，唤醒它，令它抒情歌咏，吟诵出各种诗歌，颂扬古代英雄的丰功伟绩，流传后世。然而，若是有人不得缪斯的凭附便来叩响诗歌的大门，相信单靠着技艺便能成为好的诗人，他和他理智的作品注定永远难臻化境，遇到迷狂的诗作便黯淡失色。

古希腊人解读"神秘"的方式是将其拟人化。古人感知到世上存在着强大的原始力量。为了便于理解，他们赋予了这些力量以人的面貌，称它们为宙斯、阿波罗、阿佛洛狄忒。美洲印第安人也感知到了同样的"神秘"，却选择以泛灵论的形式表达——熊老师、鹰使者、狼骗子。

我们的祖先敏锐地认识到，这些力量和能量的源头并不在我们这个物质领域内，它们来自一个更加神秘的维度。对于这个更高的存在，他们有怎样的信念呢？

首先，他们相信那里不存在死亡。神是不朽的。

虽然与人类面貌无差，神却拥有无尽的力量。违抗神的意志是徒劳的。妄自窥天，必致灾殃。

在这个更高的维度上，时间和空间都发生了改变。众神行动"如思维一样迅疾"。他们中的一些可以预知未来。此外，虽然悲剧作家阿伽通告诉我们：

唯有改变过去的力量

不为众神所享

不朽的神却可以玩弄时间的小把戏，就像我们自己有时在梦里或幻想中所做的那样。

古希腊人相信，宇宙不是冷漠无情的。众神关心人类的事务，会为我们生来的优与劣求情。

在现代人看来，这一切都很迷人，但荒谬。真的吗？那就回答这个问题。《哈姆雷特》是从哪里来的？帕特农神庙是从哪里来的？杜尚的《下楼梯的裸女》又是从哪里来的？

再次召唤

从远古时代开始，艺术家便会召唤缪斯。这之中蕴含着巨大的智慧。其中藏有魔力，可以消除我们人类的傲慢，引导我们谦卑地向不可见、不可闻、不可触摸也不可嗅察的力量求助。下面是荷马在《奥德赛》中的开篇，取自 T. E. 劳伦斯的译本：

噢，神圣的诗篇，女神，宙斯的女儿，请助我写下这篇多智之子的歌。他扫荡了神圣的特洛伊最深的堡垒，被迫漂泊于人类的海岸之外，历尽种种海俗的嬉弄，有好，有坏；苦苦忍耐痛苦的折磨，只为救赎自己，带领同伴平安归家。徒劳的祈望啊，未能保全他们。这些愚人啊！无知让他们被抛弃。将至高的太阳之牛拿来饱食，祸患遂至，太阳神抹去了他们该当回家的日子。哦，缪斯，请让这个故事流传，教诲我们其中的深意……

这一段值得细细研究。

首先，"神圣的诗篇"，当我们召唤缪斯时，召唤的是一股力量，它不仅来自另一个现实的层面，而且是更神圣的层面。

"女神，宙斯的女儿"，我们不仅在祈求神的代祷，而且是最高级别的代祷，距离"至高"只有一步之遥。

"请助我写下"，荷马不要求辉煌或成功，他只是想坚持完成这件事。

"这歌"，大体总括了一切。不管是《卡拉马佐夫兄弟》，还是你在管道供应行业开启的新冒险，不外乎如是。

我爱这段祷词正文中对于奥德赛历练的概述。简而言之，这是微缩版的约瑟夫·坎贝尔的"英雄之旅"，平常人故事的极简提要。其中有原罪（人人都不可避免地触犯过），它将英雄逐出自以为美满的家园，驱使他去流浪，去渴望救赎，让他为了"回家"而不懈抗争，也就是说，回归神的恩典，回归自己。

我尤其赞叹其中对于第二项罪行的警告——为了取肉，杀死至高之神太阳神的牛。这是足以导致灵魂毁灭的重罪：以亵渎的手段，用神圣去换取实利。比如卖淫，比如出卖自我。

最后，这位艺术家对他作品的愿望是：缪斯，请让这个故事在各个方面为我们而活。

这就是我们想要的，不是吗？比起创作出伟大的作品，使之流传才是更重要的。而且不是简单片面地流传，而是带着其中所有的深意。

好了。

我们的祈祷完成了。准备就绪，可以开始工作了。

那么，下一步呢？

有识之士的证明

永恒爱恋时间的造物。

——威廉·布莱克

据我所知，眼界卓绝的诗人威廉·布莱克便是这样一个半迷狂的化身，不时以肉身臻神。他是那种开了窍的人，能够短暂地进入更高的层面，然后回来，将遇见的奇迹分享给我们。

我们要不要试着破译一下上面的诗句呢？

布莱克所说的"永恒"，我想，是比现世更高的领域，比我们栖身的物质维度更高的真实的层面。在"永恒"中，没有时间（否则，布莱克的表述里就不会将它与"永恒"区分开来），或许也没有空间。那个层面里可能居住着更高等的生物。也可能是纯粹的意识或精神。但无论是什么，根据布莱克的说法，它有"爱"的能力。

如果有这样一种存在安居于那个层面，我想，布莱克的意思是，它们是无形的。它们没有身体。却与我们生活的这个关乎时间的领域有关联。这些"神"或"灵"

介入了我们的维度。它们对这里有兴趣。

在我看来，"永恒爱恋时间的造物"，表达的就是，在某种程度上，更高层面的存在（或者抽象地说，那个层面本身）因我们而喜悦，他们喜欢我们这些受制于时间的生物在这有限的物质层面中所创造的物质的存在。

这样说或许有点夸张，但如果这些存在能够因"时间的造物"而喜悦，难道就不会悄悄地推着我们去多创造一些吗？如果这是真的，那么，缪斯在艺术家耳边低诉灵感的画面就十分合情合理了。

那是永恒与时间受限者之间的交流。

以布莱克为范本，我猜想，在贝多芬坐下来奏响《命运交响曲》的"当—当—当—铛！"之前，第五交响曲大概就已经存在于那个更高的世界里了。但关键就在这里：可以说，在此之前，这部作品只是潜在的概念，没有实现。它还不是音乐。无法弹奏，也无法聆听。

它需要一个人。需要一个有形的存在，一个人类，一个艺术家——更准确地说，一个天才，在拉丁语源里，"天才"即"灵魂""圣灵"——来把它带进这个物质的层面。于是，缪斯在贝多芬的耳边低语。也许她也曾对着其他无数人的耳朵哼出过其中几个小节，但没人听到。只有贝多芬接收到了。

他把它写了出来。他使《第五交响曲》成为了"时间的造物",成为了"永恒"可以"爱恋"的东西。

因此,无论我们将"永恒"视为上天、纯粹的意识、无上的智慧、全知的性灵,还是众生、神明、精灵或神之化身,当"它"或"它们"以某种方式听到尘世里奏响的音乐时,会感到喜悦。

换句话说,布莱克认同古希腊人的观点。

众神存在。他们是真的会介入尘世。现在,我们可以说回缪斯了。

别忘了,缪斯是众神之父宙斯和记忆女神摩涅莫绪涅的女儿。这样的出身可是相当厉害。我愿意接受这样的背书。

我愿意相信色诺芬的话。因此,在坐下来工作之前,我会花上一分钟的时间,向这看不见的力量表达敬意。它可以成就我,也可以摧毁我。

"开始"的魔力

关于一切开创性（以及创造性）的行为，其中都藏着一个基本的真理。对这一真理的无知扼杀了无数的想法和宏伟的计划，那就是，在一个人坚定地对自己做出承诺的那一刻，天意也会随之而动。所有发生的事情，都是为了那件"若非如此就不会发生"的事。一个决定会引发一连串的事件，会为了它汇集一切不可预知的情形、遭遇和物质的援助，没有人想得到，但助力自来。我学会了对歌德的一句话深怀敬意："无论你能做什么，或梦想能做什么，去吧。大胆之中蕴含着天赋、魔力和力量。现在就做。"

——W. H. 默里

《苏格兰人的喜马拉雅探险》

你看过《柏林苍穹下》吗？维姆·温德斯导演的电影，讲述藏在我们之中的天使的故事。梅格·瑞恩和尼古拉斯·凯奇也演了一个美国的版本，叫《天使之城》。我相信这个故事。我相信有天使存在。他们就在这里，只是我们看不见而已。

天使为神工作。帮助我们是他们的职责。他们唤醒我们，敦促我们前行。天使是进化的代理人。卡巴拉教义将天使描述为一束束的光，代表着智慧和知觉。卡巴拉主义者相信，每一片草叶上都有一位天使在呼喊着："生长！生长！"

我想要更进一步。我相信，在整个人类物种之上有一个超级大天使，在呼喊着："进化！进化！"

天使就像缪斯。他们知道我们所不知道的东西。他们想帮助我们。他们站在玻璃窗的那一面，用力呼喊，想要引起我们的注意。可我们听不见。我们在自己的荒唐无谓上浪费了太多精力。

可是，当我们开始。

当我们迈出第一步。

当我们认真构想一项事业，直面恐惧许下诺言，奇妙的事情就会发生。胎膜上出现了裂隙，就像小鸡在蛋壳内啄出的第一道裂缝。天使助产士们聚拢过来，帮助我们的自我诞生——那个我们生来就该是的人，那个写在我们灵魂中的命定的人，我们的魔王，我们的天才。

当我们"开始"，我们便踏上了自己命定的道路，天使得以进来，履行他们的职责。现在，他们现在可以对我们说话了，这让他们欢喜。神也欢喜。正如布莱克或许早就告诉我们的，"永恒"打开了通往时间的大门。

我们就是那道门。

"继续"的魔力

结束一天的工作后，我会上山走走，带上一台袖珍录音机。因为我知道，当我的表层意识随着散步而慢慢清空时，我的另一部分就会冒出来，开始说话。

第342页上的"瞥了一眼"……应该是"呆呆看着"。

你在第21章重复了。最后一句和第七章中间的那句一样。

大体上都是这类东西。每一天，每一分钟，我们所有人都可能遇见它。我现在写下的这几段就是它昨天念给我听的——这节原来的开头要更弱一些，所以换成这个。我马上就要打开录音机，听听更新的改进版本。

这种自我调整、自我修正的过程实在太寻常，以至于我们往往意识不到。但这是一个奇迹。其中的内涵也是惊人的。

究竟是谁在做这样的校正？是什么力量在拉扯我们的袖子？

在我们不曾着意，甚至想都没想到的时候，脑海里总会有某个声音在向我们提供建议，明智的建议，指引我们如何工作，如何生活。对于我们的心理架构来说，这意味着什么？这是谁的声音？当我们的主体自我忙于其他事情的时候，究竟是什么"软件"在不辞辛劳，逐行扫描上千兆的字节？

是天使吗？

是缪斯吗？

是无意识吗？

还是我们的自我？

不管是什么，它都比我们聪明。聪明得多。它不需要我们告诉它做什么，它自愿自发，自主工作。而且它似乎想要工作，很享受工作。

它所做的到底是什么？

它在组织。

组织的原则植根于自然。混沌本身自有组织。恒星在原始的无序中找到了轨道；河流天然知道要如何奔向大海。

当我们像上帝一样开始创造世界，或许是一本书、一部歌剧、一项新的商业冒险，同样的原则都会生效。我们的剧本自然形成了三幕式结构，交响乐分出了乐章，我们的管道供应企业找到了最佳的管控链。我们是怎样做到的？通过创意。在我们刮胡子时，洗澡时，甚至在工作之中，不可思议，颖悟就那么从我们脑子里蹦出来。这背后的精灵实在很聪明。如果我们忘了什么，他们会提醒我们。如果我们偏离了方向，他们会改掉路标，引我们回头。

我们可以从中得出什么结论？

显然，有某种更高的智慧在发挥作用，它独立于我们的意识存在，却又与之结盟，为我们处理素材，和我们并肩作战。

这就是艺术家都很谦虚的原因。他们知道，这工作不是他们做的，他们只是在完成听写。这也是为什么"没有创造力的人"会讨厌"有创造力的人"。因为嫉妒。他们能感觉到，艺术家和作家被引入了某种能量与灵感的矩阵之中，可他们自己却无法触及。

当然，这纯属无稽之谈。人人都有创造力。我们都有着相同的灵魂。同样的奇迹每天都在我们每一个人的脑海中发生，每一天，每一分钟。

拉戈

二十几岁时，我在北卡罗来纳州的达勒姆市为一家名叫"波顿运输"的公司开载重拖车。我不太擅长干这活儿——大概是自我毁灭的恶魔控制了我。没害死自己或者其他不巧跟我跑在同一段路上的倒霉家伙们，纯属运气。那段日子很不好过。我破产了，与妻子和家人都很疏远。一天晚上，我做了一个梦：

我是一艘航空母舰上的船员。可是船被困在了旱地上。它仍在发射喷气式飞机，正常作业，但它陷在了离海洋半英里远的地方。水手们都知道这情况有多糟，他们觉得这是一场严重的灾难，而且一时半会儿解决不了。唯一值得庆幸的，是船上有一位海军陆战队士官，绰号"拉戈"。在梦中，这似乎是一个最酷的名字。拉戈。我爱这个名字。拉戈是最厉害的高阶军士，就像伯特·兰可斯特在《乱世忠魂》里扮演的瓦尔登一样。他是船上唯一真正了解情况的人，一个做出所有决定并实际控制局势的强悍老长官。

可拉戈在哪儿呢？船长走过来找我说话时，我正站在船舷边，感觉糟透了。连他都没了主意。那是他的船，但他不知道怎么才能让它回到海里去。我意识到自己正在跟大人物说话，紧张极了，想不出能说什么。船长似乎没有注意到这些，他只是随意地转过身来，对我说："见鬼，我们到底该怎么办，拉戈？"

我一下子惊醒了。我是拉戈！我就是那个经验丰富的老军官。舵就掌在我的手中。我唯一要做的，就是相信它。

这个梦是从哪里冒出来的？显然，它是善意的。它的来源是什么？它想说的究竟是什么？是那个上演这些故事的宇宙运行的奥秘吗？

同样，我们人人都会做这样的梦。同样，它们普通如凡尘灰土。日升月落亦是如此。但这并不代表它们不是奇迹。

来北卡罗来纳州之前，我在路易斯安那州比勒斯附近的一个油田工作。我和一群打零工的怪咖们一起住在简易工棚里。其中一个家伙在新奥尔良的书店里买了一本关于冥想的简装书，那时他正在教我如何冥想。我常常在下班后去这个码头，尝试进入冥想状态。一天晚上，发生了一件事：

我盘腿坐着，一只鹰飞过来，落在我的肩膀上。那鹰与我合为一体，飞了起来，就这样，我的头变成了它的头，我的胳膊变成了它的翅膀。这一切仿佛都是真实的。我能感觉到托着翅膀的空气，就像划船时桨板下的水一样坚实。它是扎实的。你可以撑着它借力。原来鸟儿就是这样飞的！我知道了，鸟是不可能从天空中掉下来的——它要做的只是展开双翼，坚实的空气自然会托住它。当我们坐在开动的汽车里，把手伸出窗外时，感受到的也是同样的力量。我对脑海中播放的这段画面印象深刻，只是仍然不知道它意味着什么。我问老鹰：嘿，我该从这里学到什么？一个声音（无声地）回答：你该学会，那些你以为什么都不是的东西，就像这没有重量的空气，实际上都是强大而坚实的力量，和土地一样真实，一样扎实可靠。

我明白了。那只鹰是在告诉我，梦、幻象、冥想，所有这些我一直以来轻视为虚妄幻想的东西，和我清醒人生中的万事万物一样，真实、坚实。

我相信那只鹰。我接收到了这份信息。怎么会接收不到呢？我亲身感受了空气的坚实。我知道，它说的是事实。

这就又回到我们之前的问题了：鹰是从哪里来的？

为什么它会在这个时间恰到好处地出现，将我正需要的信息讲给我听？

　　显然，是某种看不见的智慧创造了它，赋予它鹰的模样，方便我理解它想要传达的究竟是什么。这种智慧一直在呵护着我。一直那么简单明了。如此清晰、浅显地讲述它的意思，即便是我这样迟钝、浑噩的人也能理解。

生与死

还记得汤姆·劳克林主演的电影《比利·杰克》吗？这部电影和它的续集早就下线，被搬上了有线电视，但汤姆·劳克林依然活跃。除了电影工作，他还是一名演讲者、作家、荣格学派的心理学家，专门帮助被诊断出患上了癌症的人。汤姆·劳克林授课、主持研讨会。这里有一段我曾经听他讲到的内容，大意如下：

当一个人得知自己罹患晚期癌症，那一刻，他的心理会发生深刻的变化。他坐在医生办公室里，会突然意识到什么才是真正重要的。六十秒前看来还无比要紧的事情突然变得毫无意义，与此同时，一些人和那些他之前一度忽视的关切则瞬间超越了一切。

他会意识到，这个周末待在办公室里加班处理的大单子也许根本没那么必不可少。飞过大半个国家去参加孙子的毕业典礼似乎更重要。也许跟妻子吵架时占个上风也并不那么重要。相反，大概应该告诉她，她对自己有多么重要，自己一直以来是多么地深爱着她。

确诊癌症晚期的患者也可能会想到其他东西。他的音乐天赋呢？当初想为病弱和无家可归者做点儿什么的热情去哪儿了？为什么这些未曾经历的人生会在此刻带着这样的力量和强度回归？

汤姆·劳克林认为，当消亡近在眼前，一切的假设都会受到质疑。我们的生活意义何在？我们这一生过得对吗？有没有什么至关重要的事情我们还没有去做，有什么要紧的话还没有说？现在会不会已经太晚了？

汤姆·劳克林绘制了一张心理图示，这是一个由荣格理论衍生的模型，大概是这样：

荣格告诉我们，"自我"是心理的一部分，是我们以为的"我"。是我们有意识的智能部分。是我们每天思考、筹谋、演绎日常生活的那个大脑。

而"自性",按照荣格的定义,是一个更大的存在,它包括自我,也包括个人无意识和集体无意识。梦想和直觉来源于自性。无意识的原型安居其中。荣格认为,那是灵魂的领域。

汤姆·劳克林认为,在我们得知自己可能很快就会死亡的那一刻,我们的意识便发生了位移。

它从自我走向自性。

站在自性的视角,世界是全新的。我们立刻就能看出什么才是真正重要的部分。浮于表面的烦扰消失了,取而代之的,是更深刻、更深入本质的视界。

这就是汤姆·劳克林与癌症抗争的基础。他建议他的客户不仅要在心理上完成转变,也要在生活中做出改变。他支持家庭主妇重新投入社会工作,鼓励商人重拾小提琴,帮助越南兽医写出他的小说。

神奇的是,他们的病症都得到了缓解。人们康复了。汤姆·劳克林发出疑问,有没有可能,疾病本身就是我们在生活中做了(或是没有做)某些事情所导致的?会是那份我们没有经历过的人生在以癌症的形式对我们实施报复吗?假若真是如此,我们现在拾回失落的人生,是否就能治愈自己呢?

自我与自性

这一节说说我的想法。我认为天使在自性中安家，而内阻力在自我中立足。

这是它们之间的战斗。

自性希望导向创造与进化。自我安于现状。

那么，自我究竟是什么？既然这是我的书，我就用我的方式来定义它。

"自我"是心灵中相信物质存在的部分。

它的职责在于处理现实世界的事务。这是一项重要的工作。我们没有一天能离得开它。但现实世界之外还有其他世界，这就是自我陷入困境的缘故。

自我秉持以下信条：

① 死亡是真实的。自我相信我们的存在依托于肉体。一旦身体死去，我们就死了。没有超越生命的生命存在。

② 时间和空间是真实的。自我是线性的。它认为，从A到Z，我们必须经过B、C和D。从早餐到晚餐，

中间必须跨越一个白天。

③ 每一个个体都是不同的，彼此分离。自我相信"我"和"你"不同。两者不可交融。"我"可以伤害"你"，而且这不会对我造成伤害。

④ 生活的主要动力是自我保护。因为我们的存在是物质的，所以很容易受伤，无数邪恶、不幸围绕着我们，虎视眈眈。我们生活、行动，所做的一切都出于恐惧。自我相信生儿育女是明智之举，这样，在我们死后就有人传承血脉，继承我们未竟的伟大事业。系好安全带也是明智的。

⑤ 没有神。除了物质世界之外，不存在其他世界；除了物质世界的规则，也没有其他规则可言。

这些都是自我所遵循的原则。它们牢不可破。

而自性的信条则是以下这些：

① 死亡是一种幻象。灵魂永续，经由无限化身而进化。

② 时间和空间是幻觉。时间和空间只在物理领域运作，而且即使在这个领域里，也依然不适用于梦想、愿景和传播。在其他维度，我们的行动"如思

维一样迅疾"，可以同时出现在多个层面。

③ 一切存在均是一体。如果我伤害了你，便也伤害了我自己。

④ 最高的情感是爱。团结互助是生存法则。我们彼此休戚相关。

⑤ 神是唯一的存在。万物皆神，都是神以某种形式现身的存在。神，或者说神域，是我们赖以生存、活动和维系存在的地方。现实有无限层面，皆为神之精神所创造、延续、灌注。

体验自性

你有没有想过，为什么"喝醉"这个词的俚语如此充满"破坏性"？ Stoned（石化的），Smashed（破碎的），Hammered（被捶的）。因为他们谈论的是自我。是自我遭受了冲击，被糊上蜡，打上石膏。我们摧毁自我，以达到自性。

自性的边界与神域相接。那是神秘，是虚空，是无尽智慧与意识的源头。

梦来源于自性。奇思妙想由自性而来。冥想时，我们能够进入自性。斋戒、祈祷、追寻愿景时，我们所追逐的也是自性。当苏菲派教士旋转起舞时，当瑜伽修行者吟唱时，当印度教苦行僧伤残身体时，当天主教苦修士跪行百里时，当美洲原住民在太阳舞中刺穿皮肉时，当城外的孩子们吞下药丸狂欢起舞彻夜不休时，他们在寻找自性。无论哪种方式，只要是我们故意改变知觉意识，就是在试图寻找自性。当酒鬼倒在阴沟里，那个对他说"我会救你"的声音便来自自性。

自性是我们最深的存在。

自性与神相融。

自性不懂得说谎。

自性不断成长、进化，就像与之交融的神域一样。

自性代表未来。

这就是自我讨厌它的原因。

自我厌恶自性，因为当我们将意识置于自性中时，自我就被排除在外了。

自我不希望我们进化。自我操控当下。它喜欢一切都安于现状。

引领我们走向艺术的本能，是进化、学习、提高和提升知觉意识的冲动。自我厌恶这一点。因为我们越清醒，就越不需要自我。

觉醒的作家坐在打字机前，这是自我憎恶的景象。

热情的画家走向画架，是自我讨厌的画面。

自我憎恨这些，因为它知道，这些灵魂接收到召唤，正在觉醒，而这召唤来自一个比物质层面更高贵的层面，来自一个比肉体更深层、更有力量的源头。

自我厌恶先知和梦想家，因为他们推动了人类进步。自我憎恨苏格拉底和耶稣，路德和伽利略，林肯、肯尼迪以及马丁·路德·金。

自我厌恶艺术家，因为他们是探路者和未来的承载者，用詹姆斯·乔伊斯的话说，他们每一个人都敢于"在我灵魂的铁匠作坊中锻造出我的种族尚未创造的良知"。

这种进化对自我来说是致命的。它必然会做出反应。召唤它的狡诈，集结它的军队。

自我产出内阻力，攻击觉醒的艺术家。

恐惧

　　内阻力以恐惧为食。我们将内阻力解读为恐惧。但是，我们究竟在怕什么？

　　害怕跟从内心的后果。害怕破产，害怕贫穷，害怕无力还债。害怕在试图依靠自己的力量做事时要卑躬屈膝，害怕中途放弃只能垂头丧气、折返起点时要低声下气。害怕成为自私的人，害怕成为糟糕的妻子或无信的丈夫；害怕无法支撑我们的家庭，害怕因为我们牺牲他人的梦想。害怕背叛我们的种族、我们的群体、我们的兄弟。害怕失败。害怕变得可笑。害怕丢掉我们所爱的人为之付出了太多代价，我们自己也曾为之拼尽全力的教育、训练和准备。害怕一头撞入虚空，害怕飞得太远；害怕跨过那条无法回头、无法反悔、无法挽回的边界，踏上不归路，将余生耗尽在一个错误的选择上。我们害怕疯狂，害怕精神错乱，害怕死亡。

　　这些都是严重的恐惧，但都不是真正的恐惧。不是核心的恐惧，不是生发出一切恐惧的那个母体。最大的恐惧就在我们身边，近到哪怕说出来，我们自己也不会相信。

害怕我们会成功。

害怕获得我们心底知道自己其实拥有的力量。

害怕成为那个我们心里感觉到的真正的自己。

这是人类所能面对的最可怕的希望，因为在我们的想象中，它足以瞬间斩断我们与五千万年来人类固化形成的部落式群体内涵之间的每一丝精神联系。

我们害怕发现自己比我们以为的更强大。比我们的父母、孩子、师长以为的更强大。我们害怕我们真的拥有天赋，那些安静、细小的声音所告诉我们的天赋。我们害怕我们真的有勇气、毅力和能力。我们害怕我们真的能驾驭我们的生命之船，插上旗帜，抵达我们的应许之地。我们害怕这些，因为如果这一切成真，我们就会远离我们熟悉的一切。我们会穿过那层膜。变成怪物，变得怪异可怕。

我们知道，如果我们拥抱理想，就必须证明一切值得。这把我们吓坏了。我们会怎么样？会失去朋友和家人，他们将不再认识我们。我们会独自飘摇着飞起来，飞进寒冷寥廓的星际，无所依凭，无人相伴。

是的，事实的确如此。但吊诡的是，当我们飞上太空，并不孤单。相反，我们会被带入一个永不熄灭、永不枯竭、永无止尽的智慧之源、意识之渊、友谊之泉。

是的，我们会失去朋友，但也会在我们从未想过的地方找到朋友。那会是更好、更真诚的朋友。我们对他们也会更好、更诚挚。

你相信我吗？

真实的自己

你有孩子吗？

那你就会知道，没有一个孩子生来真是一张白纸。每个人来到这个世界，都带着他独一无二的鲜明个性，都有一个设定好的身份，随你如何用星尘和火球去砸向它，也无法让它发生丝毫变形。每个孩子都是他自己。即使是由完全相同的遗传物质构成的同卵双胞胎，也从降生第一天开始就完全不同，并且永远如此。

就个人而言，我同意华兹华斯所说的：

我们的出生只是一段安睡，一场遗忘：

与我们一同升起的灵魂，

我们生命的星辰，

已在别处落下，

又从远道赶来：

并非前缘尽了无痕迹，

也不是赤条条无尘埃，

我们来，披着光辉的云彩，

告别了上帝，那是我们家园的所在。

换言之，没有人生来是不带标签的泥丸，任由世界搓扁揉圆，留下印记。相反，我们一出生就拥有一个千锤百炼的个性化灵魂。

对此，还有另一种思路：我们并非生来就有无限的选择。

我们做不到随心所欲，成为任何一种人。我们来到这个世界，是带着特定的个人命运。我们有工作要做，有使命要践行，有一个"真正的自己"要长成。我们就是我们，从在摇篮里就注定了的，无法改变。

在这一生里，我们的任务不是把自己塑造成自己想象中应该成为的理想，而是找出我们天生是谁，并成为他。

如果我们为画画而生，那我们的工作就是成为一名画家。如果我们为养育孩子而生，那我们的工作就是成为一名母亲。

如果我们生来是为了推翻世上愚昧不公的秩序，那么，我们的工作就是理解它，然后一步一步地去做。

领域与等级

在动物王国中，个体以两种方式来定义自己：一种是在等级体系（如母鸡的啄食顺序，集群生活的狼）中的地位，另一种是与领域的联系（巢穴、捕猎地、势力范围等）。

这就是人类和动物个体获得心理安全感的方式。他们知道自己的位置。整个世界是有理可循的。

在这两个取向中，等级似乎是默认设置。当我们还是孩子时，它就自动生效。我们自然地形成群体，分出派系；不用想，我们就知道谁是老大，谁是弱者。我们知道自己的位置。我们似乎总会本能地根据自己在校园、群体和俱乐部中的地位来定义自己。

只有到了后来，通常是在苦难的人生大学里受到了严酷教育之后，我们才开始探索领域问题。

对我们中的一些人来说，这是救命的。

等级取向

大多数人没有意识到，我们按等级来定义自己。很难不这样做。学校、广告、整个物质主义消费文化从一出生就训练我们按照他人的看法来定义自己。喝了这杯啤酒，拿下那份工作，看这边，人人都会爱你。

什么是等级体系？

好莱坞是一个等级体系。华盛顿、华尔街和美国革命姐妹会也是。高中是终极等级系统。它很有效——在这么一个小小的池塘里，成功形成了等级导向。啦啦队员知道她适合待在哪里，国际象棋俱乐部的书呆子也一样。每个人都能找到合适的位置。系统有效运转。

不过，以等级为导向是有问题的。当成员太多时，等级系统就会崩溃。一套啄食顺序里只能容纳这么多只鸡。在马萨皮奎高中，你可以找到你的位置。换成曼哈顿，同样的把戏就没用了。纽约太大了，无法作为一个等级体系运行。IBM也是这样。密歇根州立大学也是这样。在如此庞大的群体中，个体是没有姓名的，他会感到不知所措。他被淹没在人群中，丢失了自我。

我们人类似乎被我们的进化历史所束缚了，二十到八百人的部落是我们感觉最舒适的生活圈。我们可以把它拓展到几千，甚至上万。但总会有某个点是它的极限。我们的大脑无法应付那么多面孔。我们四处转悠，炫耀我们身份的徽章——嘿，你觉得我这辆林肯领航员怎么样？——心里疑惑，为什么没人在乎。

我们进入了大众社会。它的等级体系太庞大，不再起效了。

艺术家与等级体系

对于艺术家来说，按照等级定义自己是毁灭性的。

我们不妨一探究竟。首先，让我们看一看等级导向会带来什么。

个体如果根据自己在啄食顺序中的位置来进行自我定义，就会：

①　与秩序体系中的其他所有人对抗。与上位者竞争，以谋求地位提升；压制下位者，以保全现有地位。

②　根据在等级体系中的排名来评估自己的幸福 / 成功 / 成就，处于最高位时满足感最强，处于低位时最痛苦。

③　根据他人在等级体系中的排名来决定自己的态度和行动，不考虑其他任何因素。

④　将对他人的影响作为评判自身行为的唯一标准。行为动作是为了他人，穿衣打扮是为了他人，说话、思考，都是为了他人。

但艺术家不能指望别人来认证他的努力或他的使命。要是不信，就看看梵高吧，他一生创作了无数杰作，却连一个买家都找不到。

艺术家必须以领域为导向。他必须为了自己工作。

除了爱，出于其他任何原因而从事艺术创作，都是卖淫。回想一下奥德赛那杀死了"太阳之牛"的手下人的命运吧。

无知让他们被抛弃。

这些愚人啊！将至高的太阳之牛

拿来饱食，惹恼了太阳神

抹去了他们该当回家的日子。

在等级体系中，艺术家面对的是外在。遇到新的人，他就会暗自揣测：这人能为我做什么？我能怎样利用他来提升我的地位？

在等级体系中，艺术家只会向上看和向下看。偏偏看不见最应当看向的地方：内在。

二流作家的定义

这是我从罗伯特·麦基那里学到的。他说，一个二流作家，是一个对观众进行二次猜想的作家。当二流作家坐下来工作时，他不会问自己内心深处是什么。他问市场在寻找什么。

这位二流作家对他的听众居高临下。他认为自己比他们优越。事实是，他害怕他们，或者更准确地说，害怕在他们面前显露真诚，害怕写下自己真正的感受或相信的东西、他自己认为有趣的东西。他担心卖不出去。因此，他试图预测市场（一个有说服力的词）想要什么，然后把它交给他们。换句话说，二流作家以等级为导向来写作。

他写那些他认为在别人眼里会受欢迎的东西。他不会问自己：我自己想写什么？我认为什么重要？相反，他问，什么是热门的？什么能赚钱？

二流作家就像政客在上任前咨询民意。他是个蛊惑人心的人。他迎合。

做二流作家是有望换取可观回报的。考虑到美国文化的堕落程度，一个徒有其表的家伙去当二流作家，也可能成为百万富翁。但即使成功，同时也意味着失败，因为你出卖了你的缪斯。而缪斯就是你，你自己最好的一部分，本可以产出你最优秀的、完全真实的作品的地方。

当我想到《重返荣耀》这个故事时，还是一个吃不饱饭的编剧。它是一本书，而不是一部电影。我找到经纪人，告诉他这个坏消息。我们都知道，最初的几部小说要花很多时间，而且卖不出去。更糟糕的是，一本关于高尔夫的小说，即使能找到一家出版商，也会直接被扔进垃圾桶。

但缪斯抓住了我。我必须这样做。无论口碑还是商业性，这本书比我从前做的一切事情都成功，从那之后的其他事情也开始变得幸运起来。为什么？我能做出的最合理的猜测就是：我相信了我想要的东西，而不是我以为可行的。我做了自己觉得有意思的事，把结果留给了众神。

艺术家不能以等级为导向来工作。他必须在领域内耕耘。

领域导向

离我不远的小山上有一只三条腿的郊狼。这一区所有的垃圾桶都属于它。这是它的领地。不时有四条腿的入侵者想要抢夺这块地盘。可它们都失败了。即使只是一只残疾的动物，在它自己的主场里也是无敌的。

我们人类也有领域。是心理的领域。史蒂夫·汪达的领域是钢琴。阿诺德·施瓦辛格的领域是健身房。当比尔·盖茨驶入微软公司的停车场，他便进入了自己的领域。当我坐下来写作时，我就在我的领域里。

领域的特质是什么？

① 领域提供养分。跑步者知道什么是领域。攀岩者、皮划艇运动员和瑜伽修行者也知道。艺术家和企业家都知道什么是领域。游完泳的人上岸后用毛巾擦干身体，感觉会比30分钟前跳进泳池时那个疲惫、暴躁的人好得多。

② 领域无需外来给养便能支持我们。领域是一个闭环反馈回路。我们的任务是投入努力和爱；领域

吸收了它们，回馈我们以幸福。

当专家告诉我们运动（或其他任何需要付出努力的活动）可以消除抑郁时，他们说的就是这个。

③ 领域只能独享。你可以有搭档组队，可以和朋友一起锻炼，但要汲取领域的给养，你只能一个人。

④ 领域只能通过工作来获得。当阿诺德·施瓦辛格去健身房时，他在自己的主场上。但使它最终能为他所有的，是施瓦辛格为获得它而挥洒汗水的每一个小时、每一年。领域不给予，只回馈。

⑤ 你投入多少，领域就回报多少。领域是公平的。你投入的每一尔格能量都会准确无误地纳入你的账户。领域从不贬值。领域永不崩溃。你存多少，就能得到多少，毫厘不差。

你的领域是什么？

艺术家与领域

根据定义，创造性行为是领域性质的。正如准妈妈在自己体内孕育孩子，艺术家或创新者的体内也在孕育属于自己的新生命。没人能帮别人生孩子，他们也不需要帮助。

母亲和艺术家自有上天看顾。大自然的智慧知道，生命该在什么时候从鳃呼吸进化到肺呼吸。它知道第一片细小的指甲会在什么时候出现，精确到毫微秒。

若是艺术家按照等级导向行事，就会让缪斯短路。会冒犯她，惹她生气。

艺术家和母亲是输送者，而不是创造者。她们并不创造新的生命，她们只是接纳它。这就是为什么说生产是一种如此令人谦卑的经历。新妈妈抱着怀中小小的奇迹，敬畏地哭泣。她知道这是从她的身上分娩出来的，却并不来自于她。是经她而来，但不属于她。

当艺术家遵循领域工作，他会敬畏上天。他将自己与驱动宇宙的神秘力量相连，这些力量希望以他为媒介，诞生新的生命。他为自己的工作本身而工作，从而将自己奉献给这些力量，为它们服务。

记住，作为艺术家，我们一无所知。我们每天都在尝试，扑扇翅膀。但我们不能像二流作家揣测受众那样，对我们的缪斯妄加揣测，那是对上天的贬低，是亵神渎圣。

不。让我们像新妈妈一样问自己：我感觉到的是什么？它在我的体内生长。如果可以，请让我带它出生。这是为了它自己，无关乎它能为我做什么，或它能如何提高我的地位。

领域和等级之间的差异

如何判断我们的导向是领域性的还是等级性的？一种方法是问自己：如果我感到很焦虑，我会怎么做？如果我们拿起电话，一口气接连打给六个朋友，只为了听到他们的声音，让自己相信他们仍然爱着我们，那我们就是走在等级导向中。

我们在寻求他人的好评。

如果有一天，阿诺德·施瓦辛格感觉很糟糕，他会做什么？他不会给朋友打电话，他会去健身房。他不会在意那个地方有没有人、他是否跟任何其他生物说过一句话。他知道，运动本身就足以让他找回重心。

他的导向是领域性的。

还有另外一个测试方法。对于你采取的任何行动都扪心自问：如果我是地球上的最后一个人，我还会这么做吗？

如果这颗星球上只剩下你一个人，等级取向便没有任何意义。没有人需要你去留下印象。因此，如果在这种情况下你还想继续从事这项活动，恭喜你，你是在领域导向下工作的。

如果阿诺德·施瓦辛格是地球上最后一个男人，他还是会去健身房。史蒂夫·旺达仍然会弹钢琴。他们的给养来自这一行为本身，而不是行为留给他人的印象。我有一个疯狂痴迷服装的朋友。如果她是地球上的最后一个女人，她一定会直接冲向纪梵希或圣罗兰，破门而入，开始大扫荡。对她来说，这不是为了取悦他人。她只是热爱服装。那是她的领域。

问题来了：作为艺术家的我们又如何呢？

我们如何工作？是等级导向，还是领域导向？

如果我们沮丧崩溃，会首先去我们的工作场所吗？

如果我们是地球上的最后一个人，我们还会出现在演播室、排练厅或实验室吗？

至高无上的美德

　　有人曾问斯巴达国王列奥尼达，请他指出战士的至高美德，其他一切美德都由它而生。国王回答："蔑视死亡。"

　　对于我们艺术家而言，可以将"死亡"转换为"失败"。蔑视失败是我们的基本美德。以领域为导向，把注意力局限在我们自己的思想和行动上，换句话说，也就是工作和工作的需要上，我们就能无视涂抹着蓝色油彩、敲响盾牌、挥舞着长矛的敌人，专心将他们脚下的大地切开。

我们的劳动成果

当黑天告诉阿阇那，我们有权劳动，但无权要求我们的劳动果实时，他是在告诫战士，要按领域行事，而不是依照等级。我们必须为工作本身而工作，不为财富、关注或掌声。

然后是纪律之主提出的第三条道路，它超越了等级和领域。那就是，完成工作并将其交给他。把它当作献给神的礼物。

> 将行动交给我。
>
> 涤净希望与自我，
>
> 把注意力锁定在灵魂上。
>
> 为我行动，为我去做。

归根结底，作品本就是上天赐予的。有什么理由不归还呢？

《薄伽梵歌》告诉我们，这样劳动是一种冥想，也是至高无上的精神的奉献。我相信，它也最接近于契合更高的真实。事实上，我们都是奥秘的仆人。我们被放在这地球上，扮演无限之存在的代理人，经由我们的手，将那些尚未存在但注定要存在的化作现实。

我们的每一次呼吸，每一次心跳，每一个细胞的每一点进化都来自上帝，每一秒都由上帝维系，就像每一次创造，每一项发明，每一小节音乐或一行诗，每一种思想、愿景、幻想，每一场愚蠢的失败和每一道天才的闪光，都来自无限的智慧。是它从虚空中，创造了我们和我们这个宇宙，每丝每缕、每个维度，那是无限潜力之境，是原始的混沌，还有缪斯。承认那个真实，抹杀所有自我，让作品经我们诞生，再将它们慷慨地送归来处，在我看来，这就是最真实的现实。

艺术家的肖像

到最后，我们得出了一种艺术家世界的模型，这个模型里，有其他更高的现实层面存在。我们无法证明它，但我们的生活、我们的作品和艺术都来自于它。这些领域一直试图和我们交流。当布莱克说"永恒爱恋时间的造物"时，他指的是那些具有纯粹潜力的层面，那里没有时间，没有地点，没有空间。但它们渴望将它们看到的带到这里，带到这个有时间限制、空间定义的世界里。

艺术家是这意愿的仆人，也是天使与缪斯的仆人。艺术家的敌人是那个无足轻重的自我，内阻力因它而生，那是守着黄金的恶龙。这就是为什么，艺术家必须也是战士，和所有战士一样，随着时间的推移，艺术家会懂得节制与谦逊。他们中的一些人可能在公共场合表现得很张扬。可一旦独自沉浸在工作中，他们便是纯洁、谦逊的。他们知道，他们并不是自己作品的源泉，只是将它们带来这个世界。他们只是居中助力。他们只是搬运。他们是心甘情愿、技艺娴熟的乐器，为众神与众女神服务。

艺术家的生命

你是天生的作家吗？你被放到这地球上，是为了成为画家、科学家或和平使者吗？归根结底，这个问题只能用行动回答。

只有做与不做。

这样想可能会有所帮助：如果你生来是来攻克癌症，或是写出一段交响乐，或是解决冷核聚变问题，而你却不去做，那就不只是伤害了你自己，甚至可能毁了你。还伤害了你的孩子。伤害了我。伤害了这个星球。

你让看顾你的天使蒙羞，惹怒创造你的全能者，那些只有你拥有的天赋，不过是为了让整个人类在回到神的路上再往前推近一毫米。

创造性工作不是一种自私的行为，也不是为了给表演者博取关注。它是给全世界和世界上每一个人的礼物。不要在你的贡献上作弊。给我们你的所有。

史蒂文·普莱斯菲尔德 | Steven Pressfield

美国历史小说家，著有《火之门》（*Gates of Fire*）、《战争浪潮》（*Tides of War*）等畅销历史小说，《一生之敌》（*The War of Art*）、《入行》（*Turning Pro*）等经典非虚构作品。他曾历经27年才出版第一本小说，期间在11个州做了21份不同的工作。普莱斯菲尔德也曾是一名海军陆战队员。2003年，被斯巴达市列为荣誉市民。

赵硕硕 | 译者

毕业于浙江大学传播学专业，前 TBWA 中国策略总监，现为自由内容创作者。

一生之敌

作者 _ [美] 史蒂文·普莱斯菲尔德　　译者 _ 赵硕硕

产品经理 _ 殷梦奇　　装帧设计 _ 张一一　　产品总监 _ 应凡

技术编辑 _ 顾逸飞　　责任印制 _ 杨景依　　出品人 _ 贺彦军

营销团队 _ 魏洋　陈玉婷　张艺千　毛婷

鸣谢

陈韵　陈昭　钱怡　吴畏　杨蔚　叶蒙恩　Milo Chao 赵同文

果麦

www.guomai.cn

以 微 小 的 力 量 推 动 文 明

图书在版编目（ＣＩＰ）数据

一生之敌 / （美）史蒂文·普莱斯菲尔德著 ； 赵硕
硕译. -- 上海 ： 上海文化出版社，2024.7（2024.10重印）. -- ISBN
978-7-5535-3021-5

Ⅰ. B848.4-49

中国国家版本馆CIP数据核字第2024F3M691号

出 版 人 ： 姜逸青
责 任 编 辑 ： 郑 梅
产 品 经 理 ： 殷梦奇
装 帧 设 计 ： 张一一

著作权合同登记号 图字：09-2024-0347号

书　　名：一生之敌
作　　者：［美］史蒂文·普莱斯菲尔德
译　　者：赵硕硕
出　　版：上海世纪出版集团　上海文化出版社
地　　址：上海市闵行区号景路 159 弄 A 座 2 楼　　201101
发　　行：果麦文化传媒股份有限公司
印　　刷：天津丰富彩艺印刷有限公司
开　　本：787mm×1092mm　1/32
印　　张：5.75
插　　页：4
字　　数：105 千字
印　　次：2024 年 7 月第 1 版　2024 年 10 月第 3 次印刷
印　　数：34,001-44,000
书　　号：ISBN 978-7-5535-3021-5/B.029
定　　价：49.80 元

如发现印装质量问题，影响阅读，请联系 021—64386496 调换。